Querido(a):

Eu, a Nina Brestonini e os demais espíritos desejamos a você, que comprou este livro, muita alegria, sabedoria, aprendizado, autoconhecimento, paz e equilíbrio. Que a mensagem por ele trazida conforte seu coração e preencha qualquer dúvida em relação à vida eterna. Que a felicidade seja parte de sua vida todos os dias!

“Recomendo a leitura do escritor Osmar Barbosa; ele consegue nos transmitir ensinamentos espíritas de forma simples e objetiva. Traduz, através das linhas escritas, ensinamentos fundamentais para quem deseja saber um pouco mais sobre a vida nos planos espirituais e, tudo isso, em uma linguagem compreensiva a todos aqueles que necessitam de conforto e que desejam modificar suas vidas aprendendo a se tornar um Ser melhor.

Leiam os livros psicografados por ele!

Uma leitora...”

Nina Brestonini & Outros Espíritos

Orientações do Além

Book Espírita Editora
1ª Edição
| Rio de Janeiro | 2024 |

Osmar Barbosa

Capa
Marco Mancen

Projeto Gráfico / Diagramação
Mancen Editorial

Imagens capa e miolo
Arte Digital

Revisão
Iara Zanardo Domingues

Marketing e Comercial
Michelle Santos

BOOK ESPÍRITA EDITORA

Pedidos de Livros e
Contato Editorial
comercial@bookespirita.com.br

Região Oceânica, Niterói,
Rio de Janeiro.

1ª edição
Prefixo Editorial: 991053
Impresso no Brasil

Dados Internacionais de Catalogação na Publicação (CIP)
(Câmara Brasileira do Livro, SP, Brasil)

Brestonini, Nina (Espírito)
Orientações do além / [ditado por] Nina Brestonini e outros espíritos, [psicografado por] Osmar Barbosa. -- 1. ed. -- Niterói, RJ : Osmar B. Santos, 2024.

ISBN 978-65-89628-48-4

1. Espiritismo 2. Mediunidade 3. Obras psicografadas 4. Reencarnação I. Barbosa, Osmar. II. Título.

24-203592 CDD-133.93

Índices para catálogo sistemático:

1. Psicografia : Espiritismo 133.93

Tábata Alves da Silva - Bibliotecária - CRB-8/9253

Outros livros psicografados por Osmar Barbosa

1. Cinco Dias no Umbral
2. Gitano – As Vidas do Cigano Rodrigo
3. O Guardião da Luz
4. Orai & Vigiai
5. Colônia Espiritual Amor e Caridade
6. Ondas da Vida
7. Antes que a Morte nos Separe
8. Além do Ser – A História de um Suicida
9. A Batalha dos Iluminados
10. Joana D'Arc – O Amor Venceu
11. Eu Sou Exu
12. 500 Almas
13. Cinco Dias no Umbral – O Resgate
14. Entre nossas Vidas
15. O Amanhã nos Pertence
16. O Lado Azul da Vida
17. Mãe,Voltei!
18. Depois
19. O Lado Oculto da Vida
20. Entrevista com Espíritos – Os Bastidores do Centro Espírita
21. Colônia Espiritual Amor e Caridade – Dias de Luz
22. O Médico de Deus
23. Amigo Fiel
24. Impuros – A Legião de Exus
25. Vinde à Mim
26. Autismo – A escolha de Nicolas
27. Umbanda para Iniciantes
28. Parafraseando Chico Xavier
29. Cinco Dias no Umbral – O Perdão
30. Acordei no Umbral
31. A Rosa do Cairo
32. Deixe-me Nascer
33. Obssessor
34. Regeneração – Uma Nova Era
35. Deametria – Hospital Espiritual Amor e Caridade
36. A Vida depois da Morte
37. Deametria – A Desobsessão Modernizada
38. O Suicídio de Ana
39. Cinco Dias no Umbral – O Limite

40. Guardião – Exu
41. Colônia Espiritual Laços Eternos
42. Despertando o Espiritual
43. Por que Você Morreu?
44. Aconteceu no Umbral
45. O Diário de um Suicida
46. Superior Tribunal Espiritual
47. Um Espírita no Umbral
48. Bem-vindo ao Umbral
49. O Diário de um Morto
50. Exilados do Planeta Terra
51. Um Espírita no Umbral
52. A Garota do Balão
53. O Outro Lado da Vida
54. Um Obsessor no Centro Espírita

O autor doou todos os direitos desta obra à Fraternidade Espírita Amor e Caridade.
www.hospitalamorecaridade.org

Conheça um pouco mais de Osmar Barbosa:
www.osmarbarbosa.com.br

Recomendamos a leitura dos
outros livros psicografados por
Osmar Barbosa para maior
familiarização com os Espíritos
que estão neste livro.

O Editor.

Agradecimentos

Agradeço primeiramente a Deus, por ter me concedido esse verdadeiro privilégio de servir humildemente como um mero instrumento dos planos superiores.

Agradeço a Jesus Cristo, espírito modelo, por guiar, conduzir e inspirar meus passos nesta desafiadora jornada terrena.

Agradeço à Nina Brestonini e aos demais espíritos, ao lado dos quais tive a honra e o privilégio de passar alguns dias psicografando este livro. Agradeço, ainda, pela oportunidade e por permitirem que estas humildes palavras, registradas neste livro, auxiliem as pessoas a refletirem sobre suas atitudes, evoluindo.

Agradeço também à minha família, pela cumplicidade, compreensão e dedicação. Sem vocês ao meu lado, me dando todo tipo de suporte, nada disso seria possível.

E agradeço a você, leitor amigo, que comprou este livro e que, com a sua colaboração, nos ajudará a levar a Doutrina Espírita e todos os seus benefícios e ensinamentos para mais e mais pessoas.

Obrigado!

A todos, os meus mais sinceros agradecimentos.

Osmar Barbosa

Quem é Osmar Barbosa?

Um pouco da minha história.

Sou médium, dirigente, expositor, mas, acima de tudo, humano!

Cresci em São Gonçalo, no Rio de Janeiro, onde tive minhas primeiras experiências mediúnicas. Ainda na infância, tive a oportunidade de conviver com uma pessoa maravilhosa, que, na Terra, foi a minha mãe, Aurora Barbosa.

Com ela, aprendi a ser gente, amar as pessoas e valorizar tudo e todos. Acho que aprendi também a ser simples em minha maneira de observar o mundo.

De formação católica, conheci a Doutrina Espírita por orientação de companheiros espirituais, tendo ingressado no movimento espírita em 1987, no Grupo Espírita Frei Fabiano de Cristo, dirigido pela saudosa amiga Carolina Araújo.

Mais tarde, fundei a Casa Espírita de Oração Luz do Oriente, hoje chamada Fraternidade Espírita Amor e Caridade, onde no momento atuo como presidente em Itaipu, Niterói, Rio de Janeiro, desenvolvo atividades mediúnicas e auxilio na administração das obras sociais.

Sou comprometido com o ideal espírita, perfeitamente humano e cheio de perguntas para as quais não tenho respostas, embora tenha muitas respostas para perguntas que nunca formulei.

Adoro ser humano, bater um bom papo, ser amigo, rir, viajar e me divertir com a minha família.

Não sou obcecado por trabalho.

Acho que precisamos de um tempo para curtir a vida, o mundo e as pessoas. O planeta Terra é muito bonito, e precisamos ter um tempo à disposição para apreciar o mundo e suas experiências.

Adoro respirar ar puro e ouvir MPB. Curto muito cinema, principalmente drama, comédia e suspense.

Gosto de experimentos culinários e uma boa praia. Sou apenas humano, como você e muita gente boa por aí. Adoro ficar em casa com a minha família e os meus cinco filhos. Curto muito o meu lar, as minhas netas e os amigos.

Eu nunca pensei que chegaria onde estou, pois a vida não foi fácil no começo. Tive perdas que foram muito difíceis de superar, mas sempre me reinventei nos momentos mais difíceis e acho que ainda me reinvento diariamente para sobreviver e aprender com tudo e todos que se relacionam comigo nesta vida.

Sou estudioso da mediunidade e defendo a mediunidade séria em todos os sentidos, pois tenho convicção que o dom da mediunidade é algo muito especial, e especialmente deve ser exercido.

Aprendi com meus mentores que a "mediunidade é um dom divino, e divinamente devemos exercê-la".

Todos os dias aprendo com meus mentores espirituais e com os acontecimentos que a vida me traz, pois sei que nada que me acontece é por acaso. Tudo o que chega até mim traz um ensinamento, até mesmo aquilo que, em alguns momentos, acho ser ruim.

Assim, minha vida está sempre em transformação, pois coloco em prática tudo o que aprendo com a Espiritualidade que me assiste. Sempre exteriorizo todos os ensinamentos que minha religião me traz, pois sei que, se não tiver a bondade, a capacidade e o amor de compartilhar tudo o que aprendo, quando eu deixar a vida humana, todo o meu esforço terá sido em vão, visto que meu aprendizado morrerá comigo. Por isso, partilho o tempo todo tudo o que sei e aprendo em minha vida, seja na vida mediúnica, seja na vida de humano.

Aprendi que muitas vezes não serei compreendido e aceito por acreditar no que acredito, mas devo ter a sabedoria de entender que nem mesmo Jesus teve uma tarefa fácil quando esteve entre nós.

No mais, quero viver todas as experiências possíveis e extrair delas a minha evolução, que é pessoal e intransferível.

Este sou eu!

Sumário

“

Do berço ao túmulo, és peregrino.

”

Nina Brestonini

Prefácio

Após a psicografia do livro Cinco Dias no Umbral – O Limite, fui procurado pela Nina Brestonini para escrevermos mais um livro.

Curioso é que a Nina me procurou no dia seguinte ao término da psicografia, o que não é muito normal acontecer.

A princípio, eu fiquei preocupado, pois ela não me deu nem um dia de descanso. Mas, sendo Nina, eu não tenho muito do que reclamar. Os espíritos são assim. Eles sempre nos surpreendem...

Vivi uma experiência única com a Nina na psicografia daquele livro e fiquei muito feliz com mais uma oportunidade.

Foi no dia seguinte que tudo começou.

Cheguei cedo ao meu escritório, pois tinha que ajustar uns detalhes que faltavam naquele livro antes de encaminhá-lo para a revisão.

Logo que cheguei, a iluminada me apareceu.

– Bom dia, Osmar!

– Oi, Nina!

– Você está bem?

– Sim, terminei agora os detalhes do livro Cinco Dias e já o encaminhei para a correção. Em breve, todos poderão ler mais uma obra psicografada por mim e ditada por você. Estou feliz. Nina, com mais esse livro, quero lhe agradecer por esses lindos ensinamentos.

– Que bom que você está feliz! Isso nos deixa feliz também.

– Sério, Nina?

– Sim, ficamos felizes quando atingimos nossos objetivos. A vida aqui é muito parecida com a encarnação em que vive. É importante que todos saibam que Ele não quer que nenhum de Seus filhos se sinta desamparado, principalmente quando deixa a encarnação.

– Que bom... Nina, posso lhe perguntar uma coisa?

– Sim, claro que sim.

– O que a traz aqui tão cedo hoje?

– Precisamos escrever mais um livro.

– Mais um?

– Sim. Você está disponível?

– Sou um lápis em suas mãos. Nina, sempre que você precisar, é só me procurar. Estou e estarei sempre ao seu dispor.

– Então, se prepare. Eu vou levá-lo para mais uma linda e emocionante história.

– Deixe eu me preparar. Só um minuto, por favor.

Imediatamente, a ansiedade e a curiosidade tomaram conta de mim. O que teriam Nina e os demais espíritos a nos revelar?

– Posso me sentar ao seu lado, Osmar?

– Eu gostaria que você ficasse aí pelo resto de minha vida.

– O resto de sua vida é muito tempo.

– Desculpe-me. Nina, como sempre, eu tenho dificuldades de me expressar quando você está assim tão perto de mim.

– Compreendi o que você quis dizer. Fique tranquilo. É que vocês, encarnados, têm o hábito de dizer coisas que nós, que já nos compreendemos como espíritos eternos, não costumamos dizer.

– Que tipo de coisas, Nina?

– Coisas como essa que você acabou de falar.

– Ah, sim. É força do hábito. Desculpe-me.

– Não tem que se desculpar. Podemos começar, Osmar?

– Só mais um minuto, Nina. Tenho que avisar à minha família que não poderei ser interrompido durante o resto do dia.

– Faça isso, por favor.

– Estou mandando uma mensagem, peraí...

Naquele momento, eu peguei o meu celular e postei uma mensagem no grupo familiar explicando o que estava acontecendo. Após alguns minutos, ela me disse:

– Estou à sua disposição, Osmar.

Apressadamente e de forma meio atrapalhada, me preparei.

– Estou pronto. Podemos começar, Nina.

– Você não está cansado, Osmar?

– Um pouco, Nina, mas não posso perder nenhuma oportunidade de escrever com você. Aliás, com nenhum de vocês.

– Está bem. Vamos começar. Mas, antes, preciso informá-lo de uma coisa.

– Diga.

– Este livro será escrito por diversos amigos.

– Diversos amigos?

– Sim, eu convidei alguns amigos para escrevermos este livro. Você se importa?

– Claro que não, Nina. É uma honra para mim. Quem serão esses espíritos?

– Você vai ver durante o desdobramento. Mas fique tranquilo, que você os conhece. Vamos em frente…

– Que legal! Já estou ansioso e muitíssimo curioso.

– Não fique. Escreva…

– Qual será o título do livro, Nina?

– Sugiro que o livro tenha o título de Orientações do Além, mas você pode mudar, se achar necessário.

– Certo. Podemos começar, então.

– Vamos lá. Osmar, você sabe por que os espíritos, quando encarnados, não se lembram das suas vidas passadas?

– Tenho uma noção, mas prefiro ouvir de você.

– Tanto você quanto qualquer outro espírito encarnado não se lembram da experiência corpórea passada, e nisso está a sabedoria de Deus. Se você se lembrasse do mal que fez, do sofrimento que passou ou que causou, dos inimigos que o prejudicaram ou daqueles que você prejudicou, certamente não teria condições de expiar novamente entre eles no presente, pois, muitas vezes, os inimigos do passado são hoje os seus filhos, os seus irmãos, os seus pais ou os seus amigos, que se encontram neste momento junto de você para a reconciliação.

– Compreendo, Nina.

– Certamente, Osmar, você hoje está corrigindo erros praticados contra alguém, sofrendo as consequências de crimes perpetrados ou até mesmo sendo amparado e auxiliado por aqueles que, no pretérito, o prejudicaram.

“Daí a importância da família, onde se costuma reatar os laços cortados em experiências anteriores, onde se tem novamente oportunidades infinitas de reparar erros cometidos.

“Dessa forma, a reencarnação é a oportunidade de reparação, como também a oportunidade de devotar seus esforços pelo bem dos outros, apressando sua evolução espiritual.”

– Nossa!

– Para que você possa viver na vida espiritual definitivamente, é necessário o reparo das mazelas terrenas. Ninguém vive aqui sem estar totalmente ajustado com os débitos contraídos nas várias encarnações. Resolver as pendências terrenas, Osmar, é ganhar carta de alforria. Guarde isso em sua lembrança.

– Pode deixar, Nina.

– Ao encarnar, Osmar, você traz um "plano de vida", um compromisso assumido perante a Espiritualidade e perante você mesmo, que diz respeito à reparação do mal e à prática de todo o bem possível e também da caridade, pois é amando que se aproximará da vida plena.

"Esse é o modelo mais perfeito para que vocês possam conquistar a plenitude espiritual.

"Todas as encarnações têm propósitos. Não há acasos. Tudo tem objetivos. E Ele, que tudo sabe e tudo vê, lhes oportuniza todos os dias, em todos os momentos, em todos os lugares e a todo instante. Afinal, o projeto d'Ele é maior que seu entendimento atual.

"Há um lado dentro de vocês que deseja ardentemente viver outra vez. Algo oculto que os impulsiona às encarnações. Mas que, por outro lado, os amedronta, pois o desconhecido aterroriza o imaginário.

"São veneráveis, Jesus lhes assegurou: 'O espírito está pronto, mas a carne é fraca...'

"Vocês precisam se conscientizar de que têm o DNA de Deus em si mesmos. Não são um acaso...

"Eis que são feitos à semelhança do Criador. Está escrito...

"São imagem e semelhança do Pai. Estão destinados à felicidade plena, à perfeição espiritual, destino de todos os espíritos.

"Nenhum espírito está, esteve ou estará sozinho nessa caminhada evolutiva e em nenhum lugar do Universo, seja na vida terrena ou espiritual. Creia nisso!"

– Eu creio, Nina.

– Todos estão preparados para uma felicidade total. Evidentemente, ela será alcançada em um processo árduo e longo, um processo de construção de si através das experiências evolutivas tão desejosas pelos espíritos.

"Porque a evolução, Osmar, respeita um princípio da Lei Divina, que são todas as coisas que o espírito precisa experimentar para se tornar perfeito. E essa é uma Lei Natural, com a qual todos os espíritos estão íntimos.

"Toda a Criação segue um princípio natural. Tudo nasce através da semente. Tornando-se árvore e estando árvore, estará apto ou pronto para dar frutos. Do fruto, se extrairá novamente a semente, que repetirá a Lei Natural e seguirá o curso natural da Criação Divina.

"Tudo nasce, cresce, frutifica, dá a semente e morre, para nascer de novo e cumprir essa Lei Natural, em que todos estamos intrinsecamente ligados.

"Quem dera que a carne fosse apenas o corpo físico, mas ela não é. Você está entendendo, Osmar?"

– Perfeitamente, Nina. Estou, na verdade, encantado com tudo o que você está nos revelando.

– O corpo físico é apenas uma condensação física revestida por um corpo espiritual, Osmar. Ele é apenas um veículo das milhares de formas que Deus nos oportuniza para as experiências de aperfeiçoamento moral e intelectual, e não o espírito em essência.

"Você tem que se conscientizar de que não é somente matéria... É um espírito expiando temporariamente na matéria, e expiará quantas vezes forem necessárias à sua perfeição pessoal, que é somente sua. É intransferível e ninguém pode conquistá-la por você.

"A carne é vulnerável e perece. O espírito sofre, mas é eterno e está destinado a aperfeiçoar-se através das provas físicas e espirituais.

"Do berço ao túmulo, é peregrino.

"Não é do conhecimento de nenhum espírito o tempo necessário para purgar definitivamente a vida corpórea de sua relação, vida física, vida espiritual. Quando está encarnado, não está de posse de todas as suas memórias. Elas lhe são poupadas, evitando certamente tragédias diárias.

"É velado diariamente pelo Criador, com a bênção do esquecimento e a proteção dos auxiliares da Criação.

"Poder olhar para alguém e não se lembrar dos equívocos construídos nas relações anteriores é certamente a expressão mais perfeita do amor que Ele tem por você.

"Não se lembrará com nitidez das suas potencialidades. Elas fluem em sua consciência como intuições que o auxiliam na caminhada evolutiva.

"Se você pudesse se lembrar de todos os idiomas que já falou, o que seria das escolas de idiomas existentes na vida terrena?

"Se pudesse se lembrar de todas as vidas que teve, o que seria de sua vida atual? Certamente, diante da primeira dificuldade ou perda parental, colocaria fim à sua existência atual para promover o reencontro com aquele que se foi ou se livrar da dor modeladora que o aflige no momento.

"Está temporariamente apagado, Osmar.

"Ao reencarnar, não tem uma proteção mais direta dos espíritos que estiveram ao seu lado durante as existências anteriores e que estão mais evoluídos. Tem anjos amigos que lhe permitem experimentar juntos a vida terrena. São espíritos que, ligados a você pelo amor construído nas relações anteriores, se propuseram a auxiliá-lo nas provas evolutivas atuais.

"Tudo é sintonia e amor, Osmar.

"Nunca estamos sozinhos.

"Experimentará carência, solidão, necessidade de acolhimento, necessidade de envolvimento, entre várias outras síndromes que o assustarão durante sua curta vida de encarnado.

"Terá desejos incompreensíveis, mas os quais realizará, e que lhe causarão muito sofrimento.

"São memórias ocultas, que despertarão durante as experiências necessárias à evolução espiritual.

"Será tentado todo tempo...

"Se não sofrer nenhuma tentação, você provavelmente já está em um estágio espiritual muito positivo. Mas, se sofrer as tentações naturais da vida física, você faz parte do processo natural das Leis de Deus.

"A Lei Natural é a mesma Lei Moral... Elas são iguais, saiba disso.

"A Lei Divina e a Lei Natural são a mesma, porque ambas são a Lei de Deus, e só existe um Deus. Ele é único, verdadeiro e fiel.

"Ele é único, como disse. Lembre-se disso e não se divida."

– Pode deixar, Nina.

– A maior mazela espiritual chama-se inércia, Osmar.

"Nunca fique parado. Nunca estacione sua intelectualidade na busca de conhecimentos. Não fique parado esperando que sua evolução o encontre em algum lugar. A evolução é sua, pessoal e intransferível, e não está disponível em nenhuma prateleira de supermercado. E tem mais: o dinheiro, a fama, o encanto e a riqueza não podem comprá-la.

"Ninguém evolui por você... exceto você mesmo.

"Não imagine haver um Criador julgando ou recriminando Seus filhos, pois você é integralmente amado por Deus, que quer que avance e não estacione.

"Saiba que o amor de Deus por você permanece inalterado.

"Não há empréstimo de aquisições espirituais... Há intercessões, e essas estão disponíveis para aqueles que se propõem a uma evolução consciente.

"Não se prenda a velhos livros, a velhos ensinamentos, a velhos títulos, a velhas manias, a velhas doutrinas, a ideologias e, principalmente, a pessoas que não trazem comprovadamente a caridade estampada em seu íntimo espiritual.

"O bom é o bem maior, Osmar. Ninguém consegue ser bom, se a essência é má.

"Não se colhe bom fruto da árvore ruim, e a árvore boa não produz um fruto mal.

"Há muitas possibilidades. Há muitas vidas. Há muitas encarnações. E há, na verdade, uma multidão de conhecimento e informações dentro de cada espírito que expia para evoluir.

"Há várias nacionalidades, várias línguas, várias raças, vários sexos e várias formas dentro de você.

"Você não é seu sentimento atual. Você não é seu pensamento atual. Há um núcleo divino desabrochando dentro de você, impulsionando-o a descobrir-se como o espírito eterno que é.

"Quantas coisas você já viveu? Quantas posições você já ocupou? Quantas relações você já experimentou? Quantas personalidades você já foi?

"O certo é que a soma disso tudo é seu desafio atual.

"Há sentimentos ocultos ainda a serem revelados em seu íntimo espiritual.

"Recorde-se de que, cada dia, em situações específicas, você se reencontrará diante de fatos adormecidos em seu eu espiritual. Considere a essência de tudo que o atraiu no curso das horas. Há vida pulsante em você a todo instante. Não desanime. Não desista. Acredite que há algo maior em você que, no momento certo, despertará para algo novo, algo modificador, algo que nem sequer imagina que exista em seu eu espiritual.

"Em todos os segundos da encarnação, você é convidado a evoluir.

"Como disse, não é um acaso. Não está ao acaso. É o objetivo de Deus.

"Algo maior o espera. Creia e, crendo, será direcionado às esferas maiores, destino de todos os espíritos.

"Está nas encarnações há muito tempo... há muitas experiências corpóreas... há longos séculos e há muitos destinos...

"Há espíritos ainda ao lado de vocês que vieram de Capela. Estou falando de aproximadamente 40 mil anos, sem contar o tempo das encarnações que viveram em Capela.

"Reflita sobre isso...

"Está há muito tempo expiando. E só pode ser salvo aquilo que é reconhecido, que se regenera, que se modifica, que transcende.

"Modifique-se todos os dias. Não se preocupe com o que os outros vão pensar de você. O que eles acham e pensam sobre você é problema deles.

"Conscientize-se disto: é você quem cuida de você.

"É você quem evolui por você.

"É você o único responsável por você.

"Há maldade em todos. Há perversidade e maledicência em todos. E só as grandes inteligências, fique certo disto, conseguem acessar a perversidade e a maldade... a inteligência sem compromisso com o bem comum... a inteligência descompromissada com o amor.

"Porque você não se torna feliz com o que sabe. Você se torna feliz ao amar e ser amado.

"Felicidade e amor correspondem no íntimo espiritual.

"Você só será feliz quando conhecer completamente o amor de Deus. É quando, em retribuição a essa dádiva, você aprende a amar o outro.

"Aqueles que destinaram suas encarnações a aperfeiçoar a perversidade e a maldade colherão nas vidas futuras as mazelas da inexistência do amor em seus corações, pois só se destinam à perversidade e à maldade os que ainda não aprenderam a amar, que desconhecem a essência do amor, que nunca se entregaram ao amor do Pai.

"O amor nutre.

"O amor liberta.

"O amor o leva a lugares inimagináveis, que Ele criou e cuida, porque Ele sabe ser o lugar de destino de Seus amados filhos."

– Nossa, Nina, que lindo!

– E tem mais, Osmar... Todos precisam corrigir imediatamente a caminhada.

"Não adianta isolar-se do mundo e não vivê-lo intensamente, afastando-se de tudo e de todos. Há de se compreender que são as provas que o levarão ao lugar destinado a você, onde habita o Senhor.

"A consciência é uma teia dinâmica que precisa ser explorada por todos vocês.

"Saia da inércia espiritual.

"Expie em outros lugares.

"Expie com outras pessoas.

"Evolua.

"Experimente outras possibilidades evolutivas.

"Há uma mensagem transformadora que lhe tocará a alma em todos os livros, em todos os pregadores, em todos os lugares.

"Não se julga um livro pela capa. Não se escolhe o perfume pelo frasco.

"Há conteúdo evolutivo em todas as coisas da Criação. Em todas as pessoas e em todos os lugares.

"Permita-se evoluir.

"Deixe-se dominar pela curiosidade do aprender e, aprendendo, seja você o divulgador do amor que Ele tem por toda a Sua Criação.

"Evangelize pessoas, ampare almas aflitas, perdoe seus ofensores, direcione e auxilie o cego que vaga na ignorância das doutrinas dominadoras.

"Explore novos caminhos.

"O propósito da vida trabalha em você. Ouça seu íntimo. É ali que está a lição que o levará à perfeição.

"Ele fala com você em silêncio. Lembre-se sempre disso.

"Assim como a semente anseia ser árvore, frutifique. Anseie transformar-se em um ser espiritual completo, pois a carne perece. Ela morre e liberta o espírito, que viverá a vida dos espíritos no mundo dos espíritos, onde todos nos encontraremos um dia.

"Deus é a força que trabalha em você e por você.

"Confie, siga e creia.

"Todas as plantas da Terra crescem buscando a luz...

"A vida é a procura da luz.

"Realize-se. Ilumine-se.

"Seja o máximo espiritual.

"Use todo o seu potencial para amar, para aprender, para cooperar com Deus, porque é filho d'Ele. É semelhança d'Ele, e a Ele retornará um dia...

"Tenha sede de comunhão com Deus.

"Tenha esse propósito em sua curta vida terrena.

"Não sofra por coisas perecíveis. Elas não irão com você.

"As coisas do mundo são do mundo, pertencem ao mundo, e com ele ficarão...

"É impossível ser feliz sem encontrar a luz que lhe alimenta a alma e o direcionará ao encontro com Deus.

"Os homens escreverão as Leis de Deus, mas Ele disse: 'Minha Lei está na consciência do homem'. Creia, ele fala com você todos os dias. Desperte sua consciência e ouça o que o Pai tem a lhe dizer...

"Todos possuem desejos imediatistas comuns, mas todos possuímos o desejo do divino que está em nós."

Naquele momento, a iluminada mentora fez uma pausa reflexiva.

– Gratidão, Nina, por todos esses ensinamentos.

– Osmar, este é mais um livro simples, com linguagem simples, para pessoas que trabalham para se transformar em espíritos simples, pois Ele, embora tenha conferenciado com os sábios, estava sempre entre os simples. Quem é simples de coração ouve e recebe o amor do Cristo em oração…

– É verdade, Nina.

– Se a provação o aflige, que Deus lhe conceda paz.

"Se o cansaço lhe pesa, que Deus o sustente em paz.

"Se lhe falta a esperança, que Deus lhe acrescente a paz.

"Se alguém o ofende ou fere, que Deus o renove em paz.

"Sobre as trevas da noite, o céu fulgura em paz.

"Ame, sirva e confie.

"Deus o manterá em paz."

– Não tenho palavras para lhe agradecer este encontro e palavras de tanta sabedoria, Nina.

– Neste livro, Osmar, você vai poder acompanhar e relatar as Orientações do Além. Que Deus o abençoe e que você não desista de nós. Você é o lápis de que necessitamos para escrever para os simples, de forma simples, com a simplicidade que o amor exige.

– Sem palavras. Nina… obrigado por tudo… Confesso, estou mais uma vez emocionado com suas palavras e ensinamentos.

– Seque as lágrimas e escreva, Osmar. Faça cumprir-se a sua encarnação. O bom médium sofre as injustiças e a incompreensão que a tarefa exige, chora calado, troca de roupa, seca as lágrimas e põe-se a trabalho necessário à caridade e ao amor.

– Jamais desistirei, Nina. Eu aprendi com você que só o amor em essência e o exercício caridoso podem me levar para frente. Somente suportando as minhas dores e transpondo as minhas dificuldades curarei as mazelas contraídas nas experiências anteriores e, assim, poderei um dia adentrar as cidades espirituais e lá permanecer ao lado de amigos iluminados, assim como você.

– Deus o abençoe, Osmar.

– Obrigado, Nina.

Nina me deixou naquele momento. Após secar algumas lágrimas que visitaram meus olhos naquele instante, me concentrei em meu trabalho, certo de que precisamos aprender mais e mais com os nossos amigos dos planos espirituais.

A vida não se resume a uma única oportunidade. Estou certo disso.

Estamos no Universo há muito tempo e precisamos olhar para nós mesmos como os espíritos que somos e deixar de lado tudo aquilo que não nos levará ao Reino de Deus.

Sou grato por todas as linhas escritas com essa iluminada mentora espiritual.

O que seria de mim se não fossem os ensinamentos de Nina e o seu carinho e preocupação conosco?

O que seria de nós sem Nina Brestonini?

“

Todos os dias, recebe uma página em branco no livro da vida. O que você está escrevendo?

”

Nina Brestonini

Zaira

Logo após terminar o prefácio do livro com Nina, Zaira, uma mentora com quem eu já havia escrito o livro *Regeneração – Uma Nova Era*, chegou em minha sala e me convidou a escrever um capítulo deste livro. Nina já havia me deixado e, após alguns minutos, Zaira chegou.

– Olá, Osmar!

– Oi, Zaira!

– Como você está?

– Estou ótimo, graças a vocês. Tenho superado meus desafios evolutivos e tenho trabalhado incansavelmente para minha evolução e daqueles que confiam em meu trabalho. O que a traz aqui, Zaira?

– Nina me pediu para participar deste livro. Sinto-me honrada. Vamos escrever?

– Sim, vamos!

– Então, escreva isto, Osmar...

– Deixe só eu me preparar, peraí...

Eu não estava preparado para aquela visita, mas, após alguns minutos, já estava pronto para seguir a iluminada Zaira em desdobramento.

– Podemos ir, Zaira.

– Escreva isto... A morte física é um fenômeno natural da vida humana e todos os espíritos encarnados experimentarão esse momento.

“A separação temporária é vivenciada de diversas formas pelas sociedades humanas atuais e passadas.

“A experiência do luto é vivenciada por cada grupo da sociedade de forma diferente. Mas todos os encarnados já viveram ou viverão a experiência de perder alguém muito querido.

“A perda de uma mãe, um esposo, um amigo ou um filho leva as pessoas a perderem o interesse pela vida quando se veem diante da separação inesperada de alguém tão querido.

“Embora a maioria de vocês acredite em ressurreição ou reencarnação, a dor é grande e não é fácil para ninguém suportar esse momento.

“No primeiro momento, ficará com uma necessidade tão grande de sobrevivência que precisará estar na condição de morto para conseguir passar pela dor da separação.

“Esse é um processo de defesa psicológica do espírito encarnado para suportar o primeiro momento, a notícia da separação.

“É um estado de letargia psicológica em defesa da dor...

“Allan Kardec já lhes informou que, quando o espírito está encarnado, ele é tratado por nós como alma e, ao se desligar da densa matéria, o espírito volta à condição de espírito, recorda toda a sua existência e, a partir dessa conscientização, decide pelas novas experiências, pela continuidade no mundo espiritual.

"Espíritos que se compreendem como espíritos estão retornando à vida terrena para a transição dos planos energéticos do seu planeta.

"A humanidade precisa ser preparada para o novo tempo. Assim, milhares de irmãos estão se voluntariando para reencarnar em todos os países, a fim de promulgar a nova era.

"Como já informamos anteriormente, vocês precisam se ajustar a todas as transformações que a regeneração traz para todos os espíritos que habitam o orbe terreno, sejam eles encarnados ou desencarnados.

"Muita coisa mudará. Aliás, tudo mudará...

"Aqueles que dedicam sua encarnação ao mal, à desarmonia cósmica e à infelicidade alheia serão exilados em planetas que são de provas e expiações. Todos terão uma nova oportunidade, já que o grande projeto é a evolução moral e intelectual de todos os espíritos.

"Estamos todos ansiosos pelo novo tempo.

"Sem perceber, vocês estão reagindo a essa mudança estrutural energética do orbe terreno.

"Tudo está mais rápido. Os dias estão curtos. As semanas passam num piscar de olhos. Meses e anos passam sem que vocês percebam a passagem do tempo.

"Tudo isso faz parte do planejado desde a criação para os espíritos escolhidos para habitar esse planeta.

"Alguns de nós viemos de outras galáxias para auxiliar nessa transição.

"Hoje posso lhes assegurar que a maioria dos benfeitores espirituais atuantes na literatura espírita e nas casas espiritas sérias são espíritos como eu, de outras dimensões.

"Viemos pela convocação do nosso amado irmão Jesus e de Seus auxiliares.

"Tudo e todos se transformam na Criação Divina. Nada é estático. Estamos todos fazendo parte desse projeto grandioso, incompreensível para alguns, mas perfeito para todos.

"No planeta em que vivemos, já estamos em grau muito mais adiantado do que o planeta Terra.

"Passamos por todas as etapas que vocês experimentarão agora.

"Não foi fácil para nós e não será fácil para vocês. Temos a experiência necessária para auxiliá-los nesse momento de transição.

"O espírito embrutecido pela ignorância rejeita modificações drásticas, mas elas são necessárias na preservação dos planetas onde os espíritos expiam para evoluir.

"Não é da vontade da Criação e nem está em seu projeto promover mudanças inesperadas. Mas nada é inesperado dentro desse projeto.

"Assim, muito em breve, vocês verão muitos desencarnes. Desencarnes em massa a todo tempo, em todos os lugares, em todas as nações.

"Cataclismos, erupções, tsunamis, pestes, acidentes geológicos inexplicáveis, guerras, tragédias coletivas e tudo que leva aos desencarnes massivos.

"Não se espantem. Mantenham-se em oração e determinados a compreender os acontecimentos necessários à grande mudança.

"Não fiquem próximos aos túmulos. Façam valer a pena a vida.

"Aproximem-se dos templos onde a oração é o bálsamo redentor e libertador de todos os espíritos.

"Não estamos no Universo para amedrontá-los e, muito menos, para trazer falsas informações. O intuito de nossas mensagens é despertar... somente despertar... e indicar o caminho salvador a todos os que creem nessas palavras, principalmente aos escolhidos.

"Não tenham medo, pois a vida não termina com uma única experiência corpórea.

"O espírito expiará na carne quantas vezes forem necessárias a ele para se libertar das experiências terrenas desafiadoras.

"Quando regressam à vida espiritual, todos se compreendem e aceitam os motivos da encarnação e da desencarnação com muita naturalidade, pois todas as coisas criadas para a evolução são naturais.

“As Leis de Deus são o exemplo da naturalidade com que Ele cuida de todas as coisas, como dito anteriormente por Nina Brestonini.

“O túmulo é o lugar para onde todos se destinam, onde as reflexões sobre atos, palavras e atitudes se encontram.

“É no momento derradeiro de todos os encarnados que muitas promessas e muitos juramentos são feitos, mas que, por serem impulsos momentâneos aliados ao sentimento da perda, ficam esquecidos nos labirintos das incertezas e do ego.

“Viver é existir. E existir é crer em todas as coisas e modificar-se através das experiências divinas impostas pela encarnação.

“Nada se transforma sem sofrer a dor da modificação.

“Todo esforço evolutivo é grandioso quando, ao final, encontra-se algo melhor.

“De nada adianta o sacrifício sem transformação. Vocês precisam compreender isso...

“Osmar, você acredita que Deus existe?”

– Sim, claro.

– Pois Deus não existe.

– Como assim, Deus não existe, Zaira?

– Se Deus existisse, certamente teria que ser criado por algo ou por alguém, não acha?

– Como assim, Zaira?

– Deus não existe, Osmar, porque Ele foi quem criou todas as coisas, e não foi criado por ninguém. Ele é o Criador de todas as coisas, entende?

– Você pode nos ajudar a compreender melhor isso?

– Sim, claro. Você vai à praia?

– Sim. Sempre que posso, vou à praia para pescar, tomar banho de mar, me divertir e relaxar.

– Na praia em que você vai tem areia?

– Muita.

– Quem criou a areia?

– Deus, no momento da criação, criou todas as coisas, inclusive a areia da praia.

– Se Ele foi quem criou a areia da praia e todas as coisas, quem O criou? Quem criou Deus, Osmar?

– Não faço a mínima ideia, Zaira...

– Deus não é uma coisa criada. Ele é o Criador de todas as coisas. Se vocês ainda não compreendem o que é Deus, como acham que vão compreender as coisas criadas por Ele?

"Quem é Deus?

"Quem criou Deus?

"De onde vem Deus?

"Será que existem outros deuses como o seu Deus?

"Onde Ele vive?

"Como é Sua aparência?

“Deus tem família? Se tem, quem é a família de Deus?”

– Nossa, como somos tolos... Realmente, essas perguntas nos tiram de tudo o que ouvimos até hoje sobre Deus.

– Se vocês ainda não conseguem compreender o mínimo de Deus, como querem compreender as coisas de Deus sem estudá-las?

“Aquele que não estuda, não aprende. O que não se joga ao mar do conhecimento jamais saberá nadar nas inteligências divinas.

“É necessário ter dedicação, vontade e disciplina.

“Vocês precisam buscar mais. Precisam ser mais...

“Não há mistérios nas coisas de Deus. Tudo o que Ele fez, faz e irá fazer está à disposição de todos os espíritos. Para isso, basta que o espírito se esforce para se aproximar das coisas de Deus.

“Vocês não vieram sozinhos para essas provas.

“Vocês não estão sozinhos nessas provas. Não é justo que os filhos de Deus venham experimentar provas evolutivas, muitas vezes extremamente difíceis, sozinhos. Ele não seria Pai se destinasse Seus amados filhos ao sofrimento sem nenhuma assistência.

“Quantas vidas tem o espírito, Osmar?”

– Eu?

– Sim, você mesmo. Responda para mim, quantas vidas tem o espírito?

– Eu não sei informá-la corretamente. Acho que pode ter muitas...

– Vocês têm somente uma vida, Osmar. Enganam-se os que acreditam ou acham que existem outras vidas.

"Vocês são algo maior do que imaginam.

"A vida é única e vivida de diversas formas, em diversos lugares e em múltiplas situações.

"Olhem para a complexidade e perfeição do corpo físico em que habitam neste momento de expiação...

"Olhem tudo ao seu redor...

"Não aprisionem os pássaros... Eles não foram criados para a prisão. São exemplos vivos de liberdade espiritual. Vocês são livres, Osmar.

"Todos os espíritos são criados livres, para voar nos universos evolutivos da alma. Morrer nada mais é do que voltar para casa. É regressar à origem, onde tudo se completa e compreende.

"Quando a morte chega, Osmar, com a sua bagagem de mistérios, traz junto diversas incertezas e indagações. Afinal, quando os olhos se fecharem, o coração silenciar e a respiração cessar, terá morrido tudo o que seu familiar construiu? Terão morrido os momentos, as intimidades e o amor construído por meio de laços eternos? Será que as relações construídas através do amor realmente se findam? A morte é o fim?

"Morre a essência humana.

“Olhem bem para o rosto de um ser querido que faleceu e vocês sentirão falta de algo: o espírito já não está mais ali. A palidez do túmulo revela algo maior que a vida…

“A pele muda. A cor muda. Tudo se transforma, porque o que dá vida ao corpo já não está mais ali.

“O espírito deixou o corpo feito de nervos, sangue, ossos e músculos. Ele voltou para o lugar de origem, onde as Leis são espirituais, e não mais humanas.

“Como acreditar que é um amontoado de células, se dentro de você agita-se um universo de pensamentos e sensações? Algo que você administra por meio de pensamentos e decisões, muitas vezes não acertadas.

“O espírito não morre com a morte biológica do corpo. O organismo voltará à natureza. Devolverá à Terra os elementos que recebeu e devolverá à base fluídica universal os fluidos necessários à vida humana. O espírito jamais terá fim… Essa é a Lei Maior.

“Viverá para sempre, em dimensão apropriada ao seu estado intelectual.

“O sopro que o anima não se apaga ao silêncio da morte.

“Vocês já receberam milhões de mensagens vindas dos planos espirituais por toda parte que lhes asseguram essas minhas palavras.

“Osmar, você nunca notou as flores delicadas que nascem sobre as sepulturas?”

– Realmente nunca me atentei para isso.

– É a mensagem silenciosa da natureza, anunciando a continuidade da vida. Seja mais observador das coisas de Deus...

"Para aquele que viveu com ética e amor, a morte é apenas o fim de um ciclo, a volta para casa. Já aquele que dedicou a experiência terrena à prática do mal expiará em regiões purgatórias as mazelas contraídas nas encarnações, até que recomece o ciclo evolutivo de todo espírito. Não há punição, e sim oportunidades infinitas...

"Com a consciência tranquila e o coração em festa, o homem de bem fecha os olhos do corpo físico e abre as janelas da Espiritualidade para expiar na eternidade tudo o que de bem construiu na oportunidade evolutiva.

"Do outro lado da experiência humana, Osmar, há uma multidão de seres amados que o aguardam para reviver todos os momentos fraternos e felizes, aqueles que um dia expiaram ao seu lado e que já alcançaram a plenitude espiritual.

"Os parentes e amigos que morreram antes estarão lá, para abraços calorosos, beijos de saudade e sorrisos de reencontro. São momentos inimagináveis para aqueles que não creem na vida, para os que se perdem nas avenidas do ego, da vaidade e do desamor.

"Nesse dia, as lágrimas podem regar o solo dos túmulos e até respingar nas flores, mas haverá felicidade para o que se foi em paz.

"Você descobrirá um mundo novo, há muito esquecido.

"Descobrirá o quanto é amado e, por fim, experimentará um amor poderoso e contagiante, o amor de Deus por você.

"Depois daquele momento em que os olhos se fecharam no corpo material, uma voz ecoará na alma que acaba de deixar a Terra. E dirá, suave:. 'Venha. Seja bem-vindo de volta à sua casa.'

"Esse é o final para a maioria de vocês, o final que lhes sinaliza o admirável e reconfortante recomeço da vida depois da vida..."

– Nossa, Zaira, eu não tenho como não me emocionar com as suas palavras. Gratidão por partilhar conosco tudo isso. Precisamos mesmo ouvir isso de espíritos amigos e tão iluminados como vocês.

"O que seria de nós se não tivéssemos essas linhas, essas revelações que nos confortam a alma e nos direcionam a buscar o caminho que certamente todos precisamos para nos modificarmos e acertarmos o passo da encarnação, buscando o equilíbrio necessário aos reencontros da vida depois da morte?!"

– E tem mais, Osmar: a morte não é, pois, o fim, mas o momento do recomeço. Pense nisso...

Ficamos calados por alguns segundos. Eu não conseguia falar. Meu coração estava tomado de uma emoção incompreensível naquele momento.

Eu me perguntava por que questionamos as coisas de Deus...

Por que não acreditamos nessas revelações?

O que nos dificulta aceitarmos o que é verdadeiro, o que somos realmente?

– Eu não tenho como lhe agradecer por estas linhas, Zaira. Você tem algo mais para nos dizer?

– Tenho, Osmar.

– Estou escrevendo...

– Osmar, quando a dor da separação pela morte lhe ferir o coração, não se recolha em concha e não desista da vida.

"A dor deve motivá-lo a continuar a sua luta, principalmente porque a dor da morte guarda a lição da imortalidade.

"Aquele que parte está mais próximo de você do que possa imaginar. As distâncias aqui são mínimas quando o amor está em sintonia.

"Não se esqueça daqueles que, como você, estão sofrendo neste momento a dor daqueles que partiram. Não se torne um egoísta. A saudade é uma dor de dois mundos.

"Não se isole. O isolamento não faz bem a ninguém. E nem fique guardando as migalhas materiais que sobraram de quem se foi.

"Guarde os momentos de sorrisos, de ternura e de amor que viveu ao lado de quem se foi.

"Tenha sempre um sorriso no rosto quando falar da pessoa amada que não está mais a seu lado. Quando sorrimos, passamos a paz necessária à aceitação da distância temporária.

"Lembre-se sempre dos momentos bons. Sua lembrança sadia transformará a dor da separação em sorrisos nos dois lugares.

"Há um ensinamento que todos vocês devem guardar em seus corações, e ele diz mais ou menos assim..."

– Sou seu lápis, Zaira.

– Todas as coisas, na vida, passam...

"Os dias difíceis passarão...

"Passarão, também, os dias de amargura e solidão...

"As dores e as lágrimas passarão...

"As frustrações que o fazem chorar um dia passarão...

"A saudade do ser querido que se foi passará.

"Dias de tristeza...

"Dias de felicidade...

"São lições necessárias que, na Terra, passam, deixando no espírito eterno as experiências acumuladas.

"Tudo passa... exceto Deus!

"Deus é suficiente!"

– Essa é uma mensagem de Emmanuel, Zaira.

– Sim, ele me emprestou para você colocar neste livro.

– Você o conhece?

– Muito bem.

– Que legal, Zaira!

– Osmar, sabe aquele dia em que você fica triste, sem mesmo saber por quê?

– Sei, sim. Às vezes, isso acontece comigo.

– É recorrente com muitas pessoas. Talvez a solução esteja em ler uma mensagem como essa, que conforta e convida a refletir, trazendo paz de espírito.

"É por isso que estamos no Universo, meu amigo escritor.

"Todos estamos ligados ao Criador, que nos pede ternura, compreensão e amor para com tudo o que Ele criou.

"Tenha certeza de uma coisa: a vida é feita de momentos, momentos pelos quais tem que passar. Sendo bons ou ruins, terá que expiar para o seu bem e também para o seu aprendizado.

"Nada está ao acaso.

"Todos vocês que expiam na Terra precisam fazer a sua parte. Desempenhar o seu papel no grande palco da vida, lembrando-se sempre de que a vida nem sempre seguirá o seu querer, mas ela é perfeita naquilo que tem que ser."

– Nossa, Zaira, obrigado!

– Não agradeça, Osmar. Escreva...

– Sempre!

– Tenho que ir. Que Deus abençoe sua vida e que estas linhas possam ajudar todos os que ainda não se compreendem como espíritos! Que a mensagem trazida por nós edifique a alma daqueles que suplicam a luz necessária para compreender que a vida não termina com uma experiência terrena!

– Gratidão, Zaira.

– Fique em paz…

Nós nos despedimos com ternura naquela manhã de quarta-feira.

Como sempre, fico muito impressionado com os mentores que me escolheram para esta nobre missão.

Tudo tem uma razão de ser. Creia nisso…

“

Mesmo que eu ande pelo vale das trevas e da morte, não temerei perigo algum, pois tu estás comigo; a tua vara e o teu cajado me protegem.

”

Salmos 23

Felipe

Era manhã de sexta-feira quando, lá pelas 5h, fui acordado pelo Felipe, que me pediu para que fosse até o lugar onde psicografo para escrever mais um capítulo deste livro.

Emocionado, eu agradeci a sua presença e, curioso, me levantei rapidamente para me organizar e escrever pela primeira vez ao lado desse amado ser de luz.

Felipe é o companheiro de Nina. Parte de sua estória está nos livros *Cinco Dias no Umbral*. Em todas as psicografias desses livros, ele sempre está ao lado de Nina, amparando-a e auxiliando nas missões no Umbral.

Ele nunca havia me procurado sozinho, assim como nesse dia... Isso me emocionou.

Cada espírito que escreve ao meu lado tem uma vibração energética. É bom que todos saibam disso. Não somos corpos; somos energias. Quanto mais evoluídos estamos, mais sutis são nossos corpos espirituais. E Felipe é um espírito muito sutil.

Eu me arrumei e me dirigi rapidamente para o meu escritório. Chegando lá, vi que Felipe me esperava.

– Você já chegou?

– Sim, estou esperando por você.

– Deixe-me ajeitar os papéis – disse, sentando-me à mesa e organizando tudo para começar a escrever.

– Osmar, eu não vou poder ir com você neste momento. Preciso que você se desdobre e entre no portal que abriremos à sua frente. Vá, que o encontrarei assim que eu terminar uma tarefa que terei que realizar. Pode ser?

– Claro, Felipe. Claro que sim! Eu me desdobrarei e seguirei as suas orientações.

– Basta que você se desdobre. O portal já está aberto e esperando por você.

– Certo. Eu já vou.

– Então, nos vemos dentro de algumas horas. Pode ser?

– Sem problemas. Mas me deixe perguntar uma coisa... Não é perigoso eu ir sozinho?

– Você nunca estará sozinho. Nunca estamos sozinhos, meu amigo escritor.

– Certo. Então, vou me encontrar com alguém lá? É isso?

– Entre no portal e escreva o que vai viver lá. Eu encontro você no caminho.

– Está bem, Felipe. Estou indo.

Demorei ainda alguns minutos até que estivesse pronto para me desdobrar e achar o tal portal que Felipe havia me informado.

Eu me concentrei, me desdobrei e achei bem à minha frente um lindo portal aberto.

O desdobramento é a capacidade que alguns médiuns têm de estar em dois lugares ao mesmo tempo. Em quase todos os livros que psicografo, faço questão de explicar para os leitores o que é o desdobramento. Neste, infelizmente, me faltaram páginas.

O desdobramento ou deslocamento ao astral é um dos vários tipos de mediunidade.

Alguns médiuns a possuem, como é o meu caso.

Desde menino, eu me desdobro e visito cidades espirituais, lugares nos planos superiores e inferiores.

E é através dos desdobramentos que escrevo todos os livros.

Normalmente, sou levado pelos amigos de luz para ver e relatar tudo o que partilho com vocês nas psicografias.

O desdobramento ou deslocamento astral não é nada sobrenatural. É um fenômeno, um tipo de mediunidade que, como disse, alguns médiuns possuem.

Para se desdobrar, é necessário que o médium esteja preparado e siga sempre as orientações dos mentores de luz. Nunca se desdobre sem um propósito ou estando sozinho. Esse é o meu conselho.

Após me desdobrar, entrei em um túnel daqueles relatados em desdobramentos por milhares de pessoas que viveram a experiência de quase morte (EQM).

Eu mesmo já passei por esse túnel. Foi em 1985, quando sofri um grave acidente. Fui atraído para esse tipo de túnel assim que me colocaram na mesa de cirurgia no pronto-socorro em que fui atendido.

O meu caso era muito grave. Perdi um rim e tive lesões no intestino e no baço, além de ter perdido muito sangue, pois o pronto-socorro mais próximo do local onde me acidentei ficava muito distante.

Quando os médicos finalmente decidiram me levar para o centro cirúrgico, eu apaguei.

Imediatamente, fui tragado por um túnel de luz intensa, mas que não fere os nossos olhos nem ofusca a nossa visão.

Entrei naquele túnel e cheguei a um lugar muito bonito.

Engraçado é que eu estava muito consciente do que estava acontecendo comigo. Eu tinha certeza de que estava morto. Não perdemos a consciência quando deixamos a vida terrena. É impressionante nosso estado de consciência.

Quando dei por mim, certo da minha morte, eu fiquei muito revoltado, muito mesmo.

Eu era jovem. Tinha apenas 25 anos...

Por que Deus permitiu que eu morresse naquele dia?

Por que, Deus?

E o meu filho? Quem cuidaria?

Essas eram as minhas únicas preocupações. Eu estava com muita raiva de tudo o que havia acontecido comigo naquele domingo.

Estava vivendo a melhor fase da minha vida. Eu tinha um excelente emprego, amigos, carro... E fazia exatamente o que gostava.

Morava sozinho e tinha toda a liberdade do mundo. Por que Deus fez isso comigo?

Eram essas e tantas outras perguntas que eu me fazia enquanto olhava aquela linda paisagem.

Eu pensava que tinha chegado no céu...

Naquele tempo, eu não era espírita. Nem sequer entendia os fenômenos mediúnicos que experimentava desde menino...

Eu via espíritos, mas aprendi a não ver como eles desejavam que eu os visse. Os espíritos nunca me fizeram mal. Sempre apareciam para mim e ficavam me olhando, como se quisessem falar comigo, mas eu nunca dava ouvidos a eles. Na verdade, eu me acostumei a ver espíritos.

Sempre fui taxado de estranho pelos amigos e colegas. Muita gente não me compreendia, acredito, por ser assim, diferente...

Cheguei nesse lugar que hoje sei perfeitamente se tratar de uma colônia espiritual e vi diversos espíritos, todos vestidos de branco. Eles dançavam uma linda cantiga que, confesso, até hoje ainda não ouvi em lugar nenhum.

Eles não olhavam para mim. Nem sequer percebiam minha presença.

Foi quando vi um banco de praça, daqueles feitos de ferro e madeira.

Imediatamente, resolvi me sentar ali. Eu pensava que não havia mais nada que eu pudesse fazer.

Estava morto mesmo...

O que teria que fazer?

Fui me acalmando enquanto ouvia aquela linda melodia e observava as pessoas felizes que dançavam naquele lindo jardim.

Ao fundo, algumas árvores coloridas enfeitavam e aperfeiçoavam aquele lugar.

É impressionante como temos certeza de que tudo aqui acabou...

Eu me lembrei do meu filho e me emocionei. Quem cuidaria do meu menino de apenas três anos?

A tristeza envolveu o meu coração. Eu fiquei muito triste naquela hora.

Será que um dia eu poderia ver o meu filho novamente?

Quem iria sustentá-lo?

Como seria o futuro daquele anjinho que eu tanto amava?

E agora, o que fazer?

Eu estava sentado ali, envolto em minhas emoções, quando, de repente, por detrás de mim, a minha querida mãe apareceu...

Perdi minha mãe aos 14 anos. Ela morreu aos 32 anos, em um grave acidente de carro.

Minha reação? Puxei-a para o meu peito, abraçando-a com toda a saudade que um menino de 14 anos poderia sentir.

– Mãe! – disse, emocionado. – Mãe, que saudade!

Abraçada a mim, ela não dizia nada. Só me acariciava a cabeça.

Nosso abraço durou uns cinco minutos…

Beijei tanto a minha mãe naquele dia, que até hoje consigo sentir sua pele em meus lábios.

Ela me guiou calmamente e nos sentamos no pequeno banco de dois lugares.

Carinhosamente, ela pediu para que eu me deitasse em seu colo e, acariciando minha cabeça, disse:

– Não fique nervoso… Tenha calma… Está tudo bem.

– Mãe, que saudade de você…

– Eu também estava com muitas saudades.

– Mãe, como eu te amo!

– Eu também te amo, meu filho.

– Como é bom ver você!

– Eu também estou feliz em ver você.

– Ah, mãe, por que você se foi de nós?

Ficamos alguns minutos em silêncio, até que ela disse:

– Osmar, meu filho, você tem que voltar.

– Eu, voltar?

– Sim, você tem que voltar. Você ainda tem muitas coisas para fazer.

– Eu não vou voltar, mãe. Não quero voltar. Quero ficar com você.

– Meu amor, eu sempre vou estar ao seu lado. Na verdade, eu sempre estive ao lado de vocês. Mas agora você tem que voltar. Você ainda tem muitas coisas para fazer.

– Não, mãe, eu não quero voltar.

– Meu filho, seja um homem justo, honesto e bom. Agora, meu amor, você tem que voltar...

Naquele momento, acordei na vida terrena.

Eu estava em uma UTI, entubado e muito debilitado. Tinham-se passado alguns dias.

Logo que abri os olhos, fiquei novamente muito chateado. Eu não queria ter voltado.

Uma enfermeira cuidava de mim e abriu um lindo sorriso quando percebeu que eu havia acordado.

Feliz, ela pediu para que eu mantivesse a calma, pois iria chamar os médicos para que retirassem alguns tubos de mim. E assim foi feito.

Meu coração estava em pedaços. Eu não queria ter voltado. E, confesso, não voltei. Até hoje, minha vida tem sido ao lado dos espíritos. Infelizmente, ainda não encontrei a minha mãe. Mas tenho certeza de que, um dia, poderei beijar incansavelmente sua face mais uma vez.

Quem voltou foi o médium Osmar Barbosa, porque, até aquele dia, eu via espíritos e os reprovava, mas agora eu sabia que a vida não termina com esta vida.

O que havia acontecido comigo?

Eu não tinha a menor ideia de tudo aquilo que acabara de viver…

Mãe, que saudade…

Ao ver o mesmo túnel à minha frente, me acalmei e entrei rapidamente nele.

O lugar era bem diferente daquele em que reencontrei a minha mãe. Era um lindo campo onde o capim dourado dançava ao som da brisa que soprava, e isso encantou meus olhos.

Comecei a caminhar no capinzal, que acariciava as minhas pernas suavemente, provocando em mim uma sensação de leveza que jamais senti.

Ao longe, vi um grande rochedo e algumas árvores coloridas.

No horizonte, havia algumas colinas e, em seu topo, algo branco como neve, ou gelo…

Percebi, após caminhar alguns metros, que havia uma trilha à minha direita e decidi caminhar dentro dela.

As cidades espirituais são algo até difícil de descrever. A beleza é impressionante.

Caminhei na trilha por alguns minutos, até que vi que, à minha frente, o capim havia sumido. Em seu lugar, havia uma larga trilha que me levava a um lugar colorido.

Reparei que havia um rapaz sentado na trilha, olhando para o horizonte.

Então, pensei: “Ele é o meu destino. Vou ao encontro dele.”

O rapaz estava sentado olhando fixamente para as colinas distantes. Ele estava bem concentrado no que fazia e nem sequer percebeu que eu caminhava em sua direção.

Aproveitei que ele não me viu para banhar-me no bálsamo da beleza e deliciar-me com a brisa que insistia em fazer com que todo o capinzal no horizonte dançasse o balé da perfeição divina.

Como sou grato por tudo isso! Vocês não fazem ideia do que vivo nesses lugares... Como são lindas as coisas de Deus!

Eu me aproximei lentamente do jovem, que não se virou em momento nenhum para olhar quem vinha em sua direção naquela trilha.

O céu estava azul. Algumas nuvens embelezavam a perfeição divina.

Pássaros revoavam e emitiam sons muito especiais, que não são comuns aqui. Pareciam cantos misturados com pios... algo muito bonito e diferente, que me chamava atenção.

Olhei para aquelas aves que dançavam ao som da brisa leve, enfeitando a paisagem que eu observava desdobrado. Parecia um lindo quadro pintado pelo mais perfeito artista.

Finalmente, cheguei perto do rapaz, que olhou para mim de modo indiferente.

– Oi! – disse, aproximando-me.

Ele olhou para mim e nada disse.

– Você está bem? – perguntei.

Novamente, com olhar de reprovação, ele nada respondeu.

Fiquei sem saber o que fazer. Eu me lembrei dos jovens que atendo no centro espírita onde trabalho. Sei que, muitas vezes, eles não querem falar; só querem companhia.

– Posso me sentar ao seu lado?

Mais uma vez, ele nada disse.

Eu me sentei a uns dois metros de distância e fiquei na mesma posição que ele, olhando o lindo vale à nossa frente.

A brisa soprava em nossos rostos como se nos acariciasse o espírito.

– Se você quiser falar algo, estou aqui. Eu me chamo Osmar e estou aqui a mando do Felipe.

Naquele momento, ele olhou novamente para mim e nada falou.

Permanecemos assim por alguns minutos, até que ele finalmente quebrou o silêncio.

– Meu nome é Pedro Henrique e eu não sei quem é você e, muito menos, quem é esse Felipe.

– Oi, Pedro. Felipe é um amigo, um espírito da Colônia Espiritual Amor e Caridade.

– Moço, eu não sei nada sobre isso. Só sei que saí de casa para trabalhar em minha bicicleta e fui atropelado por um ônibus. Acho que o homem não me viu. De repente, entrei, sem querer, em uma luz e cheguei aqui. Eu não entendo nada do que está me acontecendo. Não sei que lugar é este. Eu só sei que morri naquele acidente. Essa é a única certeza que tenho... Estou morto. Quer dizer, estou vivo, mas morri, entende?

– Entendo...

– Eu tentei voltar, mas não consegui. O túnel se apagou assim que cheguei aqui. Estou com muita raiva! Olhe para mim... Só tenho 19 anos e Deus não me protegeu.

– Deus tem Seu jeito de falar conosco, Pedro.

– Senhor, eu não queria estar aqui. Eu não pedi para vir para cá e nem sequer sei que lugar é este. Já tentei ir para todos os cantos deste lugar, mas eu não consigo. Eu não consigo sair daqui. O senhor é a segunda pessoa que vem aqui conversar comigo. Eu não sei o que estou fazendo aqui... O senhor entende?

– Pedro, não me chame de senhor. Gostaria que me chamasse de Osmar, pode ser?

– Sem problemas, Osmar.

– Há quanto tempo você está aqui?

– Não sei. Eu saí de casa segunda-feira. Hoje eu não sei... Só sei que estou aqui há alguns dias. Não tenho fome. Não tenho necessidades. Não sei o que está acontecendo comigo e, muito menos, o que tenho que fazer. O outro homem que esteve aqui comigo também não me disse nada. Só disse para eu manter a calma, que alguém viria me ajudar. Esse alguém é o senhor, digo, é você, Osmar?

– Na verdade, eu também não sei o que vim fazer aqui. Mas deixe eu explicar quem sou... Talvez isso nos ajude.

– Certo, pode falar.

– Sou um médium.

– Médium? – interrompeu ele, sem me deixar dizer mais nada.

– Sim, médium.

– O que é isso?

– É complicado explicar para você tudo o que um médium é e pode fazer.

– Médium não é aquele negócio de macumba? Não é quem faz macumba?

– Não, Pedro, macumba é um instrumento musical. Médium não é quem faz macumba. Médium é quem se comunica com os espíritos desencarnados. Médium é o intermediário entre dois planos, o plano espiritual e o plano físico.

– Por que você está aqui?

– Escrevo livros, mensagens etc.

– Ah, eu sei o que você é...

– Sabe?

– Sim, você é um daqueles caras que escrevem mensagens das pessoas que morreram, né?

– Também, Pedro.

– Você veio aqui para escrever uma carta para a minha mãe, para mandar notícias minhas para os meus familiares?

– Eu não sei. Confesso que não sei por que estou aqui. Mas confio muito nos meus mentores espirituais e tenho certeza de que há algo que preciso fazer para ajudá-lo.

– Como assim, não sabe?

– Um amigo meu, o Felipe, me pediu para vir para cá. Então, eu vim.

– Será que é o cara que esteve aqui e não falou nada?

– Não sei... Como é o rapaz que esteve aqui com você? Qual a sua aparência?

– Ah, ele é jovem como eu, mas um pouco mais velho.

– Pode ser que seja o Felipe, sim.

– Então, o que você veio fazer aqui?

– Como já disse, eu também não sei... O Felipe me procurou e pediu para que eu entrasse no túnel e viesse para cá. O que você precisa saber é que sou médium e escritor e estou escrevendo o nosso encontro.

Percebi naquele momento que Pedro ficou chateado com a minha definição. Ele se voltou para a paisagem e nada mais falou.

Esperei por alguns segundos, até ele se acalmar, e disse:

– Pedro, me conte um pouco mais sobre você.

– O que você quer saber?

– Onde você morava?

– Antes de morrer?

– Sim, antes de vir para cá.

– Em São Paulo.

– Quanto tempo você está aqui?

– Eu não sei... Acho que uma semana. O mais terrível disso tudo, Osmar, é que sei que estou morto, mas não estou morto, entende?

– Entendo perfeitamente. Eu já passei por isso.

– Você também morreu?

– É uma longa história.

– Você está morto?

– Não, eu continuo vivo na Terra.

– Mas como você faz para estar aqui? Realmente, você não parece um homem morto.

– Estou desdobrado. Alguns médiuns conseguem vir aqui mesmo estando lá, entende?

– Não, não entendo.

– É uma qualidade mediúnica, um tipo de mediunidade, um dom... A gente nasce com ele.

– Eu nunca ouvi falar disso.

– Você ainda é jovem. Um dia, vou poder explicar para você com calma.

– Já que você entende tanto disso, me explique... O que preciso fazer para sair deste lugar? Estou no céu ou no inferno? Que lugar é este que não me deixa sair dele? O que tenho que fazer para me livrar disto aqui?

– Vamos por etapas, Pedro.

– Certo. Por favor, me explique, Osmar.

– Você é um espírito eterno criado por Deus para viver eternamente.

– E isto é vida? É isto que Deus quer de mim?

– Calma, Pedro. Eu vou explicar para você.

– Então, explique, porque eu não consigo entender.

– Deus criou os Seus filhos para que todos, um dia, se tornem perfeitos. Este lugar em que você está me parece um plano transitório. Deus criou vários lugares, não só na Terra como também na vida espiritual.

– Agora eu sou o quê?

– Agora você voltou à condição verdadeira. Você é um espírito eterno.

– Entendi. O que faço agora?

– Calma. Eu vou tentar explicar para você.

– Certo.

– Este lugar, como estava falando, me parece ser um lugar transitório entre uma cidade espiritual e planos menores. Existem milhares de cidades espirituais. O lugar em que reviveremos é escolhido conforme o que fizemos na vida anterior ou nas vidas anteriores. Tudo é merecimento...

– Estou ficando confuso.

– Calma, que eu vou explicar para você. Preste atenção.

– Certo.

– Nós, os espíritos, temos somente uma vida. E é nas experiências da encarnação que vamos nos aperfeiçoando. Sempre que superamos uma prova difícil com amor, subimos um degrau em uma escala evolutiva. É como se fôssemos promovidos na empresa em que trabalhamos, entende?

– Sim, isso eu entendo. Mas, se tive outras experiências na encarnação, por que não me lembro delas?

– No momento certo, você vai se lembrar de todas. Temos que ser pacientes.

– Certo.

Naquele momento, percebi lágrimas nos olhos de Pedro.

– O que houve?

– Tenho saudades da minha mãe e das minhas irmãs.

– Elas também sentem a sua falta. Não fique triste. Você vai poder visitá-las em breve.

– Sério?

– Sim, tenho certeza de que você é um bom espírito e isso lhe será permitido.

– Eu não sei por que Deus deixou isso acontecer comigo...

– Deus escreve certo por linhas tortas, Pedro.

– Minha mãe sempre dizia isso.

– E ela tem razão.

– Estou com muitas saudades dela e de todos lá de casa.

Naquele momento, Pedro se derramou em lágrimas. Aproveitei para me aproximar dele e abraçá-lo.

Confesso, a emoção tomou conta de nós dois, que, abraçados, choramos por alguns minutos.

Após toda a nossa emoção, Pedro se acalmou e se levantou.

– Vai para algum lugar? – perguntei.

– Não, só quero ficar de pé um pouco.

Ficamos em silêncio por mais alguns minutos.

Então, ele perguntou:

– Você já viu como é bonito este lugar?

– Sim, Pedro, as coisas de Deus são assim… perfeitas.

– Esse seu amigo vem nos buscar?

– O Felipe?

– Sim, esse que o senhor disse que viria nos encontrar.

– Acredito que sim. Ele me disse que tinha algo para resolver e me pediu para que viesse na frente.

– Preciso de respostas. Estou agoniado. Não consigo entender… Por que morri tão jovem? Onde ficarei? Quero ver minha família…

– Você terá todas as respostas. Para isso, temos que ser pacientes. Nada está ao acaso. Tudo lhe será explicado no momento certo.

– Eu não vejo a hora de ter as respostas.

– Você me disse que acha que está aqui há uma semana, mais ou menos. Mas você sabe realmente há quanto tempo está aqui, Pedro?

– Olhe, Osmar, eu acho que já se passaram alguns dias... É que aqui não escurece. Não tem dia nem noite. Mas não existe um dia tão longo assim. Por isso, acho que estou aqui há alguns dias.

– Entendo. Vamos esperar. Tudo tem um propósito em nossa vida. O seu desencarne prematuro nos assegura que há algo que precisamos saber.

– Essa é minha dúvida, senhor... Por que morri tão jovem? Por que vim para este lugar? Onde estou? Quem vai me ajudar?

– Tenha calma, Pedro. Acredito que, em breve, o Felipe vai nos procurar. Confie no amor divino.

– Eu nunca fui a uma igreja. Nem sei rezar... Não sei o que será de mim...

– Vamos ser pacientes e esperar. Eu prometo para você que ficarei aqui até que alguém nos procure para nos dar essas respostas.

– Está bem, Osmar. Vamos esperar – disse Pedro, sentando-se novamente ao meu lado. – Eu não sei quem você é, Osmar, mas sou grato por me ajudar e me ouvir. Estou sozinho aqui e muito triste com tudo o que me aconteceu. Talvez você possa me ajudar.

– Seremos ajudados. É só esperar. Confie...

Ficamos sentados olhando para o horizonte, onde grandes pássaros revoavam sobre as colinas iluminadas no que nos parecia um pôr do sol.

Os raios solares que atravessavam as nuvens embelezavam ainda mais aquele dia.

A brisa leve acariciava nossos rostos como luvas de seda, deslizando sobre nossa pele cansada da vida humana.

Pude sentir-me realmente ali como espírito, e não como alma. A sutileza do lugar nos preenchia totalmente. Essa sensação é algo muito difícil de explicar.

Parecia que éramos parte da paisagem.

Parecia que tudo naquele lugar era uma extensão de nosso corpo. Eu sentia as mãos de Deus tocarem meu rosto, acariciando a pele cansada de um velho homem escritor.

As horas passavam lentamente...

"

A vida na Espiritualidade é delicada como uma pétala de flor.

"

Felipe

Pedro

Passado algum tempo, eu finalmente vi alguém subindo a colina em que estávamos sentados, vindo em nossa direção.

– Olhe, Osmar, alguém está vindo – disse Pedro, animado.

– Deve ser o Felipe. Ele disse que viria me encontrar.

– Desde o dia em que cheguei aqui, você e esse rapaz que caminha em nossa direção são as únicas almas que vejo.

– Foi ele quem esteve com você dias atrás?

– Sim, eu o reconheço. Foi ele.

– Ele é o Felipe, sobre quem lhe falei. E olhe, Pedro, não somos mais almas. Aqui neste lugar todos são espíritos, meu jovem.

Eu me levantei e coloquei a mão direita sobre a testa para poder ver melhor quem realmente vinha em nossa direção.

Então, eu o reconheci. Era mesmo o Felipe.

Eu me senti aliviado. Afinal, quem é Pedro? O que estava fazendo ali? Como eu poderia ajudá-lo? Qual seria o propósito daquele encontro? Por que Pedro estava sozinho há tantos dias? Esses e tantos outros questionamentos atormentavam minha mente aprendiz.

Foi quando, finalmente, Felipe chegou.

– Oi, Felipe!

– Olá, Osmar! Olá, Pedro! Como vocês estão?

– Estou bem, meu amigo. Estávamos ansiosos esperando a sua chegada.

– Eu estava resolvendo umas coisas, como lhe disse. E aí, Pedro, está animado com a sua nova vida?

– Animado, eu? Como assim?

– Compreendo que você esteja chateado com a morte física, Pedro. Todos passamos ou passaremos por isso – disse, me aproximando de Pedro e tentando acalmá-lo, já que ele havia respondido ao Felipe com grosseria.

– Deixe-o, Osmar. Eu vim até aqui para levá-lo, Pedro. Você quer vir comigo?

– Meu amigo, eu mal sei o seu nome. Não sei quem você é. Eu nunca vi você e não sei nem quem sou... Só sei que saí para trabalhar como fazia todos os dias e um ônibus passou por cima de mim. Fui sugado por uma luz azul e cheguei aqui.

"O Osmar me disse algumas coisas, mas confesso que eu não acredito nisso. Não sei explicar muito bem... Eu sei que estou morto. Tenho plena consciência disso. Sei que aquele ônibus me tirou a vida, mas não sei onde estou, o que acontecerá comigo e, muito menos, o que farei daqui por diante. Só sei que morri, mas estou vivo... é só isso que eu sei."

– Venham, rapazes. Vamos descer a colina. Temos muito o que fazer – disse Felipe, virando-se em direção à trilha de onde veio, que desce da linda colina em que estávamos.

Esperei por alguns segundos a reação de Pedro.

Ele olhou para mim e, com um gesto de mãos, eu o convidei a pegar a trilha.

– Vamos, Pedro.

Ele tomou imediatamente a minha frente. Seguindo Felipe, começamos a descer em direção a um vale onde o mato era alto e colorido.

Felipe caminhava à nossa frente em passos firmes, sem nada dizer.

Como já estou acostumado com essas trilhas nas cidades espirituais, eu caminhava observando detalhadamente tudo ao nosso redor.

Pequenas flores enfeitavam e coloriam a trilha que descíamos.

Árvores com folhas coloridas davam uma beleza nunca vista aqui.

Pequenos pássaros cantavam uma melodia angelical. Era um canto doce e suave que não nos incomodava; pelo contrário, trazia prazer aos nossos ouvidos.

Felipe, a passos firmes, nos conduzia.

Volta e meia, Pedro olhava para mim como se me perguntasse o que estávamos fazendo ali.

Eu olhava para ele e sorria, transmitindo segurança e confiança ao lado de Felipe.

Após algum tempo, chegamos finalmente a um lago, ou melhor, a um leito de rio. Havia ali um barco nos esperando e, sentada no barco, uma mulher.

Seguimos caminhando em direção a ela.

Por fim, chegamos.

– Pedro e Osmar, essa é a Luiza – disse Felipe, apresentando-nos à jovem que nos aguardava sentada no pequeno barco.

Morena de cabelos negros e vestida com uma roupa que lhe cobria todo o corpo, ali estava Luiza. Seus olhos eram verdes como duas esmeraldas brilhantes e seu sorriso nos encantou logo no primeiro olhar.

– Sejam bem-vindos, rapazes – disse a jovem, ajudando-nos a subir no pequeno barco.

Nós nos sentamos na segunda régua que havia, separando os lugares.

Felipe se sentou na terceira e pegou os remos.

Luiza estava na primeira régua, bem à frente do pequeno barco.

Felipe, então, começou a remar. Começamos a descer o rio em direção às colinas que vimos quando estávamos no alto do monte.

A água era cristalina. Muitas pedras eram visíveis aos nossos olhos, tamanha era a clareza da água em que estávamos navegando.

Pude perceber que Pedro estava mais calmo, pois, naquele momento, ele olhou para mim e esboçou um sorriso.

Fiquei feliz em ver aquele rapaz mais tranquilo.

Navegamos por um bom tempo, até que chegamos a um pequeno cais, onde Felipe ancorou o barco.

Luiza foi a primeira a descer. Imediatamente, ela amarrou o nosso barco em um tronco onde outros pequenos barcos também estavam amarrados.

Descemos sem entender muito bem onde estávamos, mas confiantes em Felipe e Luiza. Foi quando a jovem se aproximou de Pedro e o pegou pelo braço esquerdo.

– Venha, Pedro. Quero lhe mostrar uma coisa.

Pedro e Luiza seguiram à nossa frente. Eu e Felipe caminhávamos atrás deles.

Olhei para Felipe como se lhe perguntasse o que estávamos fazendo ali.

Felipe, percebendo a minha curiosidade, olhou para mim e disse:

– Nada está ao acaso, Osmar. Tenha calma...

Nada disse. Compreendi naquele momento que eu estava no lugar certo, com os espíritos certos, e que não deveria perguntar nada.

Olhei para a frente e me espantei com o que vi...

Uma linda e pequena vila se apresentava à nossa frente.

Havia pequenas casas, uma única rua e muitas pessoas felizes.

Todas as casinhas eram pintadas de cores diferentes. Havia bancos em frente a todas elas. Todas eram bem bonitas e aconchegantes, envolvidas por pequenos jardins coloridos.

No final dessa pequena rua, havia uma área gramada onde pude ver vários espíritos dançando uma linda melodia.

Estava acontecendo uma pequena festa.

Naquele momento, eu me lembrei novamente do lugar onde encontrei a minha mãe. Era um lugar parecido, mas um pouco diferente. Na verdade, a atmosfera era igual...

Uma onda de paz encheu o meu peito de felicidade. Que lugar era esse? Que pessoas eram essas? O que nos esperava?

Felipe olhou novamente para mim e sorriu, como se dissesse que eu iria me surpreender muito com o que ele me mostraria.

Lembrei-me de quando Nina me disse que escreveria esta obra com vários espíritos. Naquele momento, e somente naquela hora, eu entendi que escreveria várias histórias dentro da mesma história.

Olhei para Pedro, que caminhava quase que abraçado a Luiza.

Ele estava feliz. Parecia outro Pedro.

Algo estava mudando dentro daquele rapaz, que, há pouco, estava nervoso, sem entender o que realmente havia lhe acontecido.

A vila não tinha mais que 30 casas. Era bem pequena. Mas era nítida a felicidade de todos que ali estavam.

Caminhamos pela pequena rua até chegar ao final, onde estavam os outros espíritos. Foi quando vi que havia sido preparada uma linda recepção.

Havia algumas mesas com comidas, bebidas e lanches.

As crianças correram em nossa direção e se jogaram nas pernas de Luiza, que as abraçou com carinho após se ajoelhar para ficar do tamanho delas.

Todas as crianças, sem exceção, não tinham mais que sete anos.

Eram lindas. Algumas louras, outras morenas, outras negras, mas todas muito bonitas e felizes.

Meninos correram em nossa direção e abraçaram Felipe, que também se ajoelhou para poder ter em seus braços aqueles corações aflitos de amor.

Após os abraços, vi que Pedro sorria como uma criança.

Eu estava sem entender muito bem tudo aquilo...

Casas? Crianças? Como assim?

– Venha, Osmar – disse Felipe, fazendo um convite para nos distanciarmos de todos.

Obedeci e o segui para um canto donde podíamos ver tudo e todos.

Luiza pegou novamente na mão de Pedro e o convidou a se sentar à mesa onde uma senhora de cabelos bem branquinhos os esperava.

– Olhe com atenção agora, Osmar.

– Pode deixar, Felipe.

Pedro se aproximou da senhora, fixando o seu olhar na anciã.

Luiza, ainda segurando sua mão, tentou conter a emoção do rapaz.

– Meu Deus! – disse Pedro, emocionado.

Naquele momento, a senhora se levantou e o abraçou com ternura.

Ambos choravam de emoção.

Luiza não se conteve e os abraçou também.

– Quem é ela, Felipe?

– A avó de Pedro.

– Que lindo encontro!

– Todos se reencontram, Osmar.

– É, eu sei.

Naquele momento, a senhora puxou Pedro para se sentar ao seu lado.

Ele estava extremamente emocionado e chorava compulsivamente.

Foi quando duas crianças se aproximaram e abraçaram Pedro com emoção.

– Quem são as crianças, Felipe?

– Foram filhos dele na encarnação anterior. Estavam lhe esperando.

– Que legal!

Pedro, emocionado após abraçar as crianças, colocou as duas mãos sobre a face como se não acreditasse no que estava lhe acontecendo.

Foi quando Luiza se transfigurou em outra mulher.

Ela mudou sua aparência ali na nossa frente.

Carinhosamente, ela retirou as mãos de Pedro de sua face, permitindo que ele a visse como realmente é.

Pedro deu um enorme salto e abraçou Luiza como se ela fosse o amor de sua vida. Eu imediatamente perguntei:

– Quem é ela, Felipe?

– O maior amor da vida dele. Eles estão juntos há muitas vidas.

– Meu Deus, que lindo!

– Venha, Osmar. Vamos nos aproximar.

Naquele momento, Felipe e eu nos aproximamos da família, que, emocionada, continuava se abraçando como se a saudade não tivesse fim.

Pedro, então, deu um salto e abraçou Felipe carinhosamente.

Em seguida, fez o mesmo comigo.

Eu me senti muito importante naquela hora, confesso...

– Obrigado, Felipe, por me trazer aos meus amores.

– De nada, meu amigo. É uma honra para mim poder participar do seu reencontro.

– Osmar, obrigado, cara, por você estar aqui.

– Eu é que agradeço poder revelar essa linda história para as pessoas.

– Leve-a a todos, meu amigo.

– Vou levar. Pode deixar.

– Você já se lembrou de tudo, Pedro? – perguntou Felipe.

– Sim, já me lembrei. Na verdade, enquanto caminhávamos para cá, minhas lembranças começaram a se acender dentro de mim. Eu me lembrei de tudo. Só não sabia que me encontraria com as pessoas que mais amei e amo na minha existência.

– Então, conte para o Osmar o que você lembrou.

– Conto, sim, Felipe. Osmar, eu fui à vida terrena para morrer como morri. Você está vendo essas crianças aí?

– Sim.

– Pois bem, na encarnação anterior, eu era motorista de ônibus escolar. Por imprudência, irresponsabilidade e mau-caratismo, eu as matei em um terrível acidente provocado pelo meu estado de embriaguez naquele dia.

"Para coroar minha indisciplina, essas duas crianças que abracei eram as minhas filhas e essa linda mulher aqui ao meu lado, minha mulher.

"Pedi para reencarnar e morrer do jeito que matei.

"Foi concedida a mim uma encarnação onde pude reparar parte do meu erro. Agora ficarei um tempo ao lado dos que tanto amo e, se for necessário, irei novamente à vida física para purgar algo, se é que ainda devo.

"Aquilo que, muitas vezes, é inexplicável na vida humana torna-se perfeitamente compreensível na vida espiritual.

"Nada acontece sem que haja um planejamento e permissões múltiplas para as experiências terrenas.

"Deixei lá uma mãe que sofre a perda temporária de seu filho e duas irmãs que, na verdade, precisam passar pelo que estão passando até que encontrem o caminho que as trará para este lugar.

"Aqui é onde vivemos. É aqui que a vida acontece realmente.

"Você precisa entender que a vida terrena é momentânea. A realidade é esta que você está vendo agora.

"Esta não termina.

"Esta não se finda.

"Esta é a única vida ao qual todos estamos destinados.

"Todos, um dia, se encontrarão na vida eterna, onde novamente planejarão a evolução nas provas vividas na temporária vida terrena.

"Agora sei quem sou. Meu estado de consciência é pleno.

"Quando estava encarnado, eu estava semiconsciente, pois todos temos *flashes* das vidas vividas. Basta viver pelo coração, e não pela emoção.

"Muitos se perdem no labirinto do ego e da vaidade, sentimentos e decisões impensadas a respeito da realidade.

"Só se vive uma vez. Só se experimenta uma vez quando se está na carne. Por isso, aproveite cada segundo de expiação para se tornar melhor.

"O que morreu embaixo daquele ônibus foi a carne que me foi emprestada para uma experiência terrena.

"Agora vive aqui o espírito, que é imortal e nunca deixará de existir.

"Leve essa mensagem a todos os que puderem ouvir, ou melhor, ler, meu querido escritor."

– Sou grato a você, Pedro, por me permitir este momento.

– Nós é que lhe agradecemos – disse Luiza, aproximando-se e abraçando-nos com ternura.

– Aqueles que têm ouvidos, ouçam... A vida não é única. Há muitas moradas na casa do nosso Pai – disse a senhora de cabelos brancos, com um lindo sorriso no rosto a nos iluminar.

– Obrigado a todos vocês.

– Venha, Osmar. Precisamos ir – disse Felipe, me puxando pelo braço direito.

– Até breve, Felipe – disse Luiza.

– Até, meus amigos.

Após abraços de despedida, deixamos a pequena vila e nos dirigimos ao barco.

Eu e Felipe entramos no barco, nos sentamos e começamos a navegar.

– Você anotou tudo, Osmar?

– Sim, Felipe.

– Espero que todos compreendam que o que lhe mostrei é muito comum aqui.

"Os espíritos vivem em diversos lugares dos universos espirituais. Compreenda que há diversos lugares circunscritos para vivermos temporariamente, mas a verdadeira morada é a celeste.

"O lugar em que você poderá ficar ou em que reencontrará aqueles que o esperam na vida espiritual está relacionado principalmente à condição espiritual do dia do desenlace. Ou seja, aquilo em que você se transformou na sua encarnação.

"Onde estiver o seu coração, ali estará também o seu tesouro. Jesus já os alertou sobre isso.

"Não antecipe a sua vinda para cá. Você pode se surpreender com a distância que criou daqueles que você ama simplesmente por atentar contra a Lei Maior, onde todos um dia se reencontrarão para juntos, traçarem novos destinos. Então, não adianta querer antecipar o que lhe é destinado.

"Saiba que tudo tem um porquê. Nada está ao acaso. E os acasos não existem.

"Veja a morte de Pedro.

"Ele foi atropelado por um ônibus que lhe tirou a vida ainda jovem. Mas todos os mistérios da morte foram revelados quando o espírito se conscientizou após o desenlace. Por isso, não sofra por aquilo que ainda não compreende.

"Você tem que confiar na Providência Divina. Ela está no ar que todos vocês respiram, tamanha é sua proximidade com as encarnações laboratoriais.

"A vida nada mais é que uma das múltiplas oportunidades de experimento do espírito na tarefa evolutiva. Todos passam e passarão por provas para poder depurar mazelas morais e, através das múltiplas oportunidades, alcançar esferas mais evoluídas, onde se encontram os escolhidos.

"Leve essa minha singela contribuição para todos os nossos irmãos."

– Pode deixar, Felipe. Vou levar...

Continuamos a navegar naquele lindo rio, que me levou mais uma vez à minha vida humana.

Após nos despedirmos, Felipe me deixou na beira do rio da minha existência atual.

A vida não termina com uma vida...

"

Nascer, morrer e progredir sempre. Essa é a Lei.

"

Allan Kardec

Soraya

Alguns dias se passaram, até que fui surpreendido com a visita de Soraya.

Soraya? Como assim? Ela nunca me procurou sozinha...

Conheci Soraya na psicografia do meu primeiro livro, *Cinco Dias no Umbral*. Foi lá, no Umbral, que conheci essa menina.

Ela havia sido assassinada e, no livro, fomos buscá-la para que fosse assistida pelos mentores espirituais da Colônia Espiritual Amor e Caridade.

A Colônia Espiritual Amor e Caridade foi criada há uns 150 anos, aproximadamente. Ela fica na Colônia das Flores, que se localiza sobre os estados de Santa Catarina e Paraná, adentra o interior de São Paulo e tem parte sobre o estado do Mato Grosso do Sul.

Quase todas as psicografias que faço vêm dessa colônia e os espíritos que psicografam comigo são, em sua maioria, da Amor e Caridade. Eu confesso que não sei o motivo desses amigos terem me escolhido para essa nobre missão, mas tenho certeza que é coisa de minha vida passada, pois eles não são estranhos para mim. Parece que os conheço há bastante tempo, mas isso é algo que só saberei quando deixar minha atual encarnação.

O presidente de Amor e Caridade é o Frei Daniel de Samarate. Ele foi um padre que viveu muitos anos aqui no Brasil, mais precisamente no nordeste brasileiro.

A mentora espiritual é nossa amada Catarina de Alexandria, que viveu ao lado desses espíritos quando esteve encarnada em Alexandria. A história dela está relatada no livro *Gitano – As Vidas do Cigano Rodrigo*.

Soraya chegou à minha sala sozinha. Eu tinha acabado de chegar para trabalhar e fiquei muito surpreso com a sua presença.

– Bom dia, Osmar!

– Bom dia, Soraya!

– Como você está?

– Estou bem. E você?

– Estou ótima. Posso me sentar ao seu lado?

– Claro! Perdoe-me a indelicadeza.

– Tudo bem – disse ela, sentando-se ao meu lado, pois tenho sempre uma cadeira ao meu lado para os espíritos poderem se sentar durante as psicografias. – Osmar, eu gostaria de participar deste livro, pode ser?

– Claro, Soraya! Será um prazer para mim escrever com você.

– Que bom!

– Perdoe a pergunta, mas você nunca escreveu nada comigo... Mudou alguma coisa lá na colônia?

– Osmar, somos espíritos em evolução. O fato de eu estar desencarnada não significa muita coisa. Todos os espíritos estão em evolução. Sendo assim, sempre que possível, nos são oferecidas oportunidades evolutivas. Como disse, o fato de eu estar desencarnada não muda minha condição espiritual. Ninguém chega aqui anjo ou santo. Temos nossas mazelas, que precisam ser purgadas através das transformações interiores e das oportunidades evolutivas que nos são ofertadas.

– As pessoas pensam que morrer modifica algo em nós, Soraya.

– As pessoas estão totalmente enganadas. Você chegará aqui exatamente do jeito que está aí. Ninguém chega aqui diferente. Pelo contrário, é na condição de espírito que muitas coisas lhe serão reveladas.

– Fico aqui imaginando a decepção de alguns...

– Na verdade, o que mais se vê aqui, Osmar, é o arrependimento e a decepção consigo mesmo. Quase todos os irmãos que chegam à vida espiritual sofrem muito por terem desperdiçado as oportunidades evolutivas e lamentam muito não terem ouvido as mensagens que chegam à Terra de várias formas.

– Eu não me canso de falar isto, Soraya: não há acasos... Se você é levado a um lugar onde a mensagem que está ouvindo o toca de alguma forma, dê ouvidos a ela e a coloque em prática. É um sinal de Deus para você. São os bons espíritos utilizando-se daquele instrumento para lhe dizer algo que você precisa ouvir com atenção.

"Não desperdice as mensagens que chegam a todo instante, seja por uma música, por uma notícia, por uma carta, por uma frase, por um livro... Deus tem Seu jeitinho de falar para os Seus filhos aquilo que precisamos ouvir. Eu sempre acreditei que Deus nos envia anjos o tempo todo."

– Exatamente assim, Osmar. É desse jeito que as coisas acontecem. Vocês precisam prestar mais atenção aos sinais. É através deles que nos comunicamos, já que a maioria não tem o dom que você tem. E, sempre que possível, deem ouvidos aos anjos...

"Existem irmãos que precisam do alfabeto braile para poder enxergar as mensagens evolutivas daqueles que estão na vida espiritual e desejam que os seus, que continuam encarnados, saibam que a vida não termina com uma vida."

– Sabe, Soraya, eu me assusto muito com tudo o que vivo. Não é nada fácil transmitir tudo o que sei e aprendo com vocês sobre a continuidade da vida. As pessoas parecem que ouvem, mas, na verdade, não ouvem.

"As casas espíritas estão cheias de pessoas que estão ali para ouvir os espíritos. E elas até ouvem, mas disputam cargos, prestígio e posições que, na verdade, contradizem os ensinamentos espíritas.

"Discórdia, mentira, falsidade, enganação, tudo é muito confuso, principalmente nas religiões que foram criadas a partir dos fenômenos mediúnicos.

"Por que há tanto preconceito com as outras religiões?

"Por que não aceitar outras formas de manifestação dos espíritos?

"Como assim? Só há benfeitores? Só há espíritos renomados?

"E os outros não existem? Não recebem oportunidades redentoras? Não podem trabalhar em um centro espírita?"

– Seja mais específico, Osmar.

– Eu gostaria de entender mais as pessoas, Soraya. Vivo nas colônias desdobrado. Visito regiões do Umbral e cidades espirituais. Já estive em Aruanda, onde conheci Jurema e os orixás. Vi quão importante é o trabalho desses irmãos para a harmonia planetária. Vi que eles são tão importantes quanto todos os mentores de luz, assim como você. O que não compreendo é: por que há tanta discriminação com esses iluminados? Por que eles não são aceitos? Qual é a diferença entre você, Soraya, e uma cabocla? Existe diferença?

– Na verdade, a única diferença que há entre mim e uma cabocla, é o lugar, a dimensão e o trabalho a ser realizado. Todos nós que estamos na erraticidade estamos em busca de oportunidades evolutivas. E eu vou lhe dizer uma coisa: seja onde for, quero evoluir. Mesmo que seja em dimensões inferiores, se a oportunidade for boa, eu a agarro com todas as minhas forças. Osmar, oportunidades são raras por aqui, e não devemos desperdiçar nenhuma delas.

– Pois é isso que penso e é isso que todos vocês têm me mostrado. Por que tanto ódio com outras religiões? Por que tanta discriminação? Por que não respeitamos com uma dose de amor todos esses irmãos?

– Osmar, as religiões são reflexos das vontades humanas. Para nós, não há uma religião melhor que a outra. O que importa é o conteúdo do coração daqueles que estão na seara de amor e caridade.

“Se o coração é bom, conte conosco.

“Se é ruim, não nos apresentamos.

“Uma boa árvore não pode dar um mau fruto, e uma má árvore nunca dará um bom fruto, como já lhe foi dito neste livro.

“Assim se conhece o crente: por suas ações e comportamento. Se aquele que se diz espírita ou cristão não agir como crente ou cristão, não está agindo com a verdade. E aquele que não agir colherá os frutos de sua irresponsabilidade e desamor.

“Se a sua religião o completa, ela vai modificá-lo. Caso contrário, é animismo ou invenção de algo que desconhecemos.

“E, na verdade, o animismo está preponderando em todas as religiões, infelizmente. A vontade humana, Osmar, está se sobrepondo às verdades espirituais.”

– É verdade, Soraya. Infelizmente, as pessoas confundem tudo.

– Mas você não deve desanimar diante desses obstáculos. Lembre-se de outros missionários como você. Todos eles foram julgados e continuam sendo até os dias atuais.

Não dê importância a isso. Siga em seu propósito. Siga a sua missão evangelizadora.

– Eu não sei o que seria de mim se não fossem os conselhos e os ensinamentos de vocês. Agora compreendo por que a maioria dos médiuns, como eu, se afasta de quase tudo e todos. Nosso trabalho é árduo e muito difícil.

– Não abaixe a cabeça, pois Aquele que lhe pediu essa missão está de cabeça erguida observando o seu trabalho. É para Ele que você tem que se dedicar e trabalhar incansavelmente. Todos, um dia, terão seu despertar, no tempo certo de compreensão da existência eterna. Não se abata. Não se deprima. Siga em frente e conte sempre conosco.

– Obrigado, Soraya. Não tenho palavras para lhe agradecer o carinho, a atenção e o aprendizado.

– Osmar, haverá o dia em que todos deste seu plano se compreenderão como espíritos, e isso facilitará o trabalho dos espíritos.

"O que falta, na verdade, a vocês é se conscientizarem de que o trabalho desta encarnação não é para a velhice ou para esta vida. Tudo aquilo que você passa hoje refletirá nas oportunidades futuras, e essas novas experiências podem lhe garantir que é certa.

"Na hora em que todos vocês se dedicarem a melhorar esperando pelas próximas encarnações, tudo ficará melhor."

– Como somos imperfeitos...

– Seu plano atual é muito imperfeito, mas já é melhor do que as regiões de sofrimento do Umbral. Aqui, pelo menos, tem o sol todos os dias. Há praias, oceanos, rios, florestas e tantas coisas bonitas que não se vê no Umbral.

– Quer dizer que o plano em que vivo é um Umbral?

– Sim, é um Umbral melhorado. Na verdade, um Umbral intermediário entre o Umbral superior e o inferior. E saiba você que, toda vez que o espírito expia e melhora, ele ascende a planos melhores. Tudo é conquista e merecimento.

– Agora compreendo as cidades espirituais.

– Viu como é fácil entender?

– Sim. Cada encarnação é, na verdade, uma oportunidade de se melhorar. E, melhorando-se, muda-se de cidade.

– Isso mesmo. E, a cada mudança de cidade, seu corpo espiritual se modifica. Vai ficando mais sutil, mais perfeito. E, quanto mais sutil, mais acessos às cidades superiores você terá.

– Sim, a Nina me ensinou isso.

– As cidades subsequentes são as cidades mais perfeitas, povoadas por espíritos mais perfeitos. Já está na hora de vocês compreenderem que não são um acaso, que nada está ao acaso e que Ele os ama profundamente.

– Eu já aprendi isso, Soraya. Por isso, enfrento com coragem todos os desafios que se apresentam em minha vida. Não tenho medo de ser livre. Não tenho medo de nada.

– Que bom que você já entendeu o que realmente você é!

– Sou um espírito imortal e eterno, Soraya, expiando na carne temporariamente. Espero, quando sair deste plano, ascender a planos melhores e, assim, conquistar a tão sonhada perfeição.

– Posso lhe assegurar que você está no caminho certo.

– Graças a vocês, que não desistiram de mim.

– Não desistimos daqueles que têm amor no coração.

– Nossa, obrigado, Soraya!

– Vou usar a frase que todos os meus irmãos usam...

– O quê? Qual frase?

– Não agradeça, Osmar. Escreva...

– Obrigado mais uma vez, Soraya.

– Osmar, eu pedi para deixar uma mensagem neste livro. A Nina me disse que gostaria que alguns espíritos da nossa colônia participassem desta obra.

– Sou um lápis em suas mãos, Soraya.

– Minha mensagem não é muito longa. Na verdade, quero compartilhar com seus leitores e meus amigos aquilo que aprendi com minha curta e última experiência terrena. Pode ser?

– Claro, Soraya.

– Vamos lá... Como você sabe, eu fui assassinada em minha última encarnação.

"Foi o que mereci pelo comportamento desaprovado por meus pais e amigos.

"Eu dava mais ouvidos às amigas do que à minha mãe, e isso me custou muito caro.

"Quando acordei no Umbral, muito assustada, percebi que eu não havia morrido, como era o desejo do cara que atirou várias vezes em minha cabeça.

"Ele até conseguiu ceifar minha vida humana, mas nunca conseguirá acabar realmente com a minha vida.

"O que quero que todos vocês saibam é que ninguém se modifica pelo fato de morrer. Cheguei à vida espiritual Soraya... a mesma Soraya que sempre fui.

"Os primeiros anos no Umbral foram de muito sofrimento, porque havia espíritos como eu no lugar em que acordei. Havia meninas como eu, que davam mais valor às drogas e aos amores mundanos do que ao amor sincero da família, que só queria seu bem.

"Aquilo que você é na vida de encarnado é também o que você será na vida espiritual. Se você é uma pessoa boa, continuará sendo uma pessoa boa. Mas, se é uma pessoa má, todo mal que existe em você poderá até ser potencializado pelo fato de você perceber que não morreu como desejado.

"A grande verdade é que a morte potencializa o que você é em essência. Se é uma pessoa boa, torna-se melhor. Mas, se é ruim, pode até piorar.

"O fato de acordar na vida espiritual e perceber que não há nenhuma punição como lhe foi ensinado desde criança pela igreja potencializa seu caráter.

"Como já disse: se é bom, melhora, e o contrário também acontece.

"Logo que acordei, fui procurada por espíritos alinhados ao meu estado espiritual que quase me convenceram a ir atrás de quem me trouxe para cá.

"E veja que a maioria aceita a proposta maléfica e volta à Terra para perseguir quem tanto mal lhe fez.

"Mas comigo foi um pouco diferente, pois eu me lembrei da Nina, que, na última encarnação, foi minha prima e sempre me deu bons conselhos, conselhos espirituais. Embora ela não soubesse, era meu anjo encarnado.

"Naquele lugar havia um espírito de nome Matias, que, logo que acordei, em choro e lamentação, se aproximou de mim para me consolar. Foi ele quem tentou me escravizar para me preparar para a vingança."

– Como assim, escravizá-la?

– No Umbral, há verdadeiros exércitos de malfeitores que cooptam espíritos recém-chegados para suas legiões. Eles oferecem treinamento e vingança contra aqueles que lhe fizeram mal. Em troca, você tem que servir a eles por um determinado tempo.

– Meu Deus!

– E olhe que a maioria se alia a esses malfeitores para se vingar de quem tanto mal lhe fez.

– Mas isso só piora a situação do espírito, Soraya.

– Sim, mas pense comigo... Você morre, chega em algum lugar e percebe que não morreu nem foi punido por nada daquilo que fez. O que você faz? Se você tem sede de vingança, o que faz?

– Provavelmente vou atrás de quem me fez o mal.

– E é isso o que mais se vê no Umbral.

– Qual é o segredo para não se deixar levar pelo ódio e pela sede de vingança?

– Ter a consciência de que fazer o mal não adianta. Saber que se alguém lhe fez ou faz alguma coisa ruim, ele próprio está se destruindo.

"Um obsessor ou alguém que quer o seu mal, é alguém que está muito doente e precisa de atenção, cura e amor.

"É preciso saber que o mal é inútil em todas as condições e que somente o amor e o perdão, são capazes de nos proporcionar um lugar melhor na vida espiritual.

"É inútil devolver o que lhe fazem de mal com o mal.

"Devolva o ódio, com o amor.

"A ingratidão, com o perdão.

"O abandono, com a oração.

"A injúria, com a prece.

"A maldade, com a bondade, que somente um coração cristão consegue possuir..."

– Que lindo, Soraya!

– Essa é minha singela contribuição para o seu trabalho. E eu quero lhe agradecer por não desistir de levar essas mensagens a todos os que têm ouvidos para ouvir, olhos para ler e sabedoria para entender que Deus usa todas as formas para levar aos corações sofridos palavras de conforto e amor.

– Você me deixou sem chão.

– Use a paz espiritual para caminhar, a inteligência para agir e o amor para perdoar.

– Obrigado, Soraya.

– Nós é que agradecemos…

Nós nos despedimos e Soraya me deixou naquele dia…

“

Somos passageiros no trem da vida. Um dia, todos chegarão à estação final.

”

Soraya

Lucas

Os dias se passaram, até que o Lucas me procurou. Eu havia chegado mais cedo ao escritório para resolver algumas pendências familiares, quando, de repente, ouvi um barulho na porta, como se alguém tivesse esbarrado nela pelo lado de fora. Parecia o barulho de um tombo.

Levantei-me rapidamente e fui olhar o corredor, pensando em ajudar quem tivesse caído.

Para a minha surpresa, não havia ninguém no corredor iluminado.

Pensei que alguém tinha se jogado contra a minha porta e saído correndo, com medo da minha reação. Mas a surpresa maior foi quando me virei para dentro da sala para entrar.

Às vezes, os espíritos me assustam...

Ali estava Lucas, de pé bem à minha frente.

– Que susto, Lucas!

– Perdoe-me. Não foi essa a minha intenção.

– Não precisa pedir perdão. Foi falta de atenção minha.

– Você foi olhar o barulho?

– Sim, parece que alguém esbarrou em minha porta. Você viu?

– Vi, sim.

– Quem foi, Lucas?

– Era um infeliz irmão que estava à espreita.

– Não me assuste, por favor. Era um homem ou uma mulher?

– Era um espírito infeliz que estava à espreita.

– Estava me esperando? Tentando me atacar? Meu Deus, o que está acontecendo?

– Calma... Calma... Não se desespere.

– Você disse haver um espírito aqui à minha espreita... Isso é sério mesmo, Lucas?

– Osmar, em primeiro lugar, fique calmo e confie em nós.

– Eu confio. Sempre confiei...

– Acontece que, por estarmos sempre neste lugar, um pouco de nós fica aqui. É assim na encarnação... e é assim do lado de cá. Há um pouco de nós em tudo o que fazemos com frequência. Sendo assim, nossas energias permanecem no ambiente que rotineiramente frequentamos e isso pode atrair esses infelizes irmãos que sofrem à procura da salvação.

– Você pode me explicar melhor, Lucas?

– Você não entendeu a minha explicação?

– Eu entendi, mas acho que precisamos explicar isso melhor, para que todos entendam.

– Está bem. Vamos lá...

"Nós, os espíritos, somos feitos à semelhança do Pai e, um dia, nos tornaremos a essência divina. Esse é o destino de todos os espíritos, mas, claro, cada um em seu tempo... Quanto mais evoluído é o espírito, maior é sua luminosidade e energia.

"Os corpos que usamos para transitar entre as dimensões espirituais, colônias e umbrais, são corpos que chamamos de perispírito.

"O perispírito, Osmar, é um invólucro fluídico (semimaterial) que serve de veículo de manifestação do espírito no plano espiritual e no plano físico. Constituído de fluidos próprios do mundo em que estagia, o perispírito serve também de elo do espírito com o corpo físico quando se encontra reencarnado. Quando um vidente, um clarividente ou um médium entra em contato conosco, é o perispírito que ele vê.

"Assim, por ser fluídico, deixa impressões espirituais e fluídicas onde costuma ficar. É como um perfume que você usa. Aqueles que convivem com você, com o tempo, ligam o cheiro do perfume a você, à sua aparência, não é mesmo?"

– Sim, eu mesmo, quando sinto o cheiro de um perfume que minha esposa usa, logo me lembro dela.

– O mais impressionante disso é que sua memória olfativa cria imediatamente a figura humana ou espiritual da pessoa em questão, não é mesmo?

– Sim, minha memória cria minha esposa.

– É essa impressão que fica onde costumamos frequentar.

– Que informação importante, Lucas!

– É importante que saiba que nossa impressão é positiva, mas que pode se tornar negativa quando espíritos infelizes, desesperados por amparo e auxílio, se instalam onde o perfume se concentra, à espera do frasco para banhar-se na salvação espiritual.

"Outro ponto importante a destacar é que a presença de espíritos invocados por você pode causar sérios danos ao ambiente em que vive."

– Como assim, Lucas?

– Se você ficar cultuando ou invocando espíritos de baixa vibração que carregam em si energias deletérias, um pouco dessa energia vai permanecer no ambiente onde são invocados. Por isso, tenha muito cuidado com os rituais e cultos sem necessidade e conhecimento. Tudo é energia, Osmar.

– Quer dizer que um espírito como você, por exemplo, deixa energias boas e um Quiumba ou Egum deixa energias ruins? É isso?

– Exatamente.

– Porém, devido ao fato de você vir até o meu escritório, pode ser que alguns infelizes permaneçam aqui à sua espera. Isso acontece?

– Sim, isso é muito comum, viu...

– E como se proteger disso?

– Eles não estão atrás do seu cheiro. Eles estão atrás das nossas energias. Mal nenhum fazem a você.

– Ainda bem, Lucas... Já estava ficando preocupado. Eu me lembrei agora da psicografia do livro *Entrevista com Espíritos*.

– O que você lembrou?

– Lembrei que cheguei a um centro espírita muito pequeno, cujas paredes estavam derretendo.

– As paredes estavam derretendo? Como assim? – perguntou Lucas.

– As paredes brancas daquele centro espírita pareciam gelatinosas e estavam se desmanchando.

– E qual era o motivo?

– O mentor, que estava ao meu lado, primeiro brigou comigo, porque minha curiosidade me fez tentar tocar nas paredes. Daí ele me advertiu, pedindo para eu me afastar.

– Fez muito bem.

– Ele me ensinou que a presença de vocês constantemente em um ambiente acaba por magnetizar as paredes desse lugar, tornando-as intransponíveis para alguns espíritos. É como se fosse criada uma massa protetiva no ambiente devido à energia que vocês, benfeitores espirituais, carregam naturalmente. Uma pintura fluídica... Foi isso que ele me mostrou.

– Ele tem razão. Como expliquei para você, o ambiente onde trabalhamos ou que frequentamos acaba absorvendo um pouco da nossa energia, criando uma proteção a todos que ali vivem. Se o fluido é bom, o ambiente fica bom. Caso contrário, fica pesado, cheio de miasmas, que não fazem bem a nenhum espírito.

– Daí a importância do Evangelho no lar, não é, Lucas?

– Exatamente. Devido à nossa presença constante, sua casa ou o ambiente ao qual somos convidados acaba absorvendo um pouco dos fluidos que exalamos naturalmente, e isso é uma barreira espiritual indispensável para se ter harmonia familiar.

– Você falou em exalar fluidos... O que seria isso?

– Gosto muito de escrever com você, Osmar. Parabéns!

– Por que, Lucas?

– Sua curiosidade enriquece a psicografia. Você não é um médium comum, e isso me alegra.

– Quem sou eu, Lucas...

– Um bom trabalhador.

– Acho que não posso perder a oportunidade ao seu lado; é só isso.

– Continue assim...

– Deixe comigo.

– Respondendo à sua pergunta... Aliás, vou responder com uma pergunta.

– Pode fazer.

– Você tem cheiro?

– Sim, todos temos cheiro.

– O cheiro que você tem afasta ou une as energias à sua volta?

– Lucas, eu não entendo muito sobre isso, mas, dependendo do cheiro, atrai.

– O cheiro exalado pelas glândulas humanas tem vários objetivos. Alguns desses cheiros são protetivos e outros, atrativos. Isso se dá pelas condições fluídicas, energéticas e espirituais do ambiente em que vive. Sentimentos como o estresse, por exemplo, também conseguem acionar cheiros repulsivos, como a sudorese, em contato com outros microrganismos.

"Há, ainda, cheiros imperceptíveis às glândulas nasais que são atrativos, como, por exemplo, a atração sexual inexplicável. Essa se dá por outros sentidos.

"Assim, o perispírito também tem algumas fragrâncias que, exaladas pelo espírito, permanecem no ambiente por horas, dias e até meses."

– Lembrei agora que Chico Xavier tinha esse poder, ou dom. Pelo que ouvi, aonde ele chegava, era possível sentir o cheiro de rosas, que perfumavam todo o ambiente.

– Essa é uma das capacidades dos espíritos superiores, muito comum em ambientes onde esses irmãos frequentemente estão.

– Então, é esse cheiro que atrai espíritos sofredores?

– Eles não vêm atrás do cheiro. Eles vêm buscar ajuda. Por esse motivo, você não deve se preocupar com a aproximação desses infelizes irmãos. Porém, tenha cuidado quando o cheiro da atração partir de espíritos inferiores. Esses cheiros costumam fazer muito mal aos espíritos encarnados.

– Compreendi, Lucas. Mas e o barulho na porta?

– Isso se deu por causa da sua mediunidade. A maioria não ouve nada.

– Entendi. Fico feliz em poder escrever tudo isso, Lucas.

– Estamos aqui para ajudá-los a evoluir. Lembre-se sempre disso.

– Lucas, posso lhe perguntar mais uma coisa?

– Fique à vontade.

– Falando em energias, casa, fluidos e cheiros, eu gostaria de saber sobre acender incensos e velas e ter altares e imagens em casa... O que você pode nos ensinar sobre isso?

– Olhe, Osmar, como dito anteriormente, há cheiros atrativos e repulsivos. Incensos são cheiros atrativos, além de perfumarem o ambiente.

"Imagens nunca devem ser adoradas, mas ter uma imagem faz o subconsciente ligar-se a algo, que pode ser bom ou ruim.

"Meu conselho é: tenha poucas imagens em sua casa.

"Velas só servem para iluminar o ambiente. Os espíritos não precisam disso.

"Nunca adore essas imagens como algo que resolverá todos os seus problemas. Nelas não há vida, nem humana nem, muito menos, espiritual.

"Imagens de demônios, satanases ou outras que não lhe trazem conforto visual, não as tenha. Elas podem atrair espíritos que nunca irão lhe fazer bem.

"Lugar de altar é na igreja.

"Lugar de conga é no centro religioso.

"Sua casa é seu templo. É onde você e seus familiares, encarnados e desencarnados, costumam ficar. Por isso, procure viver em um ambiente agradável, harmonioso e simples. Fazendo isso, você estará em harmonia com a sua próxima realidade."

– E que realidade é essa?

– A vida espiritual.

– Obrigado pelo conselho, Lucas. Posso explorar sua presença?

– Sempre...

– É que temos muitas dúvidas em relação a Deus.

– Temos, quem?

– Acho que toda a humanidade.

– Por que você acha isso?

– Sinceramente?

– Sim.

– Eu gostaria de saber por que as pessoas dizem crer em Deus, mas fazem tudo o que Deus não gostaria que fizessem.

– Como assim? Seja mais específico.

– Vivemos na busca de Deus. Pregamos que acreditamos na existência d'Ele, mas, na verdade, não cremos em Deus, porque, se acreditássemos verdadeiramente na existência d'Ele, não faríamos um terço do que é feito pelos encarnados.

– Essa é a sua opinião ou uma afirmação?

– Minha opinião... Quem sou eu para afirmar algo, principalmente relacionada a Deus.

– O que você pensa ser Deus, Osmar?

– Posso realmente dizer o que penso?

– Claro. Estou pronto para ouvi-lo.

– Lucas, sinceramente, meu nobre instrutor, eu tenho uma visão muito particular do que seja Deus. Tenho isso comigo. Acho ser algo que vem de outras vidas.

– Durante as encarnações, vamos nos aperfeiçoando. E, à medida do nosso aperfeiçoamento, Osmar, poderemos escolher as provas que nos elevam intelectual e moralmente. Essa é a única Lei.

– Você acha que estou vivendo isso?

– Todos estão vivendo aquilo que escolheram.

– Quer dizer que essa opinião íntima que tenho é fruto das encarnações anteriores?

– Pode ser que sim, como também pode ser que não.

– Você pode explicar melhor?

– Quando é algo bom, que o melhora, é fruto das conquistas espirituais adquiridas no processo evolutivo. Mas pode ser também uma orientação errônea aplicada por obsessores que não querem que você conquiste sua evolução, por algum motivo anterior à encarnação atual.

– E como posso diferenciar?

– Se a ideia, o pensamento ou a certeza íntima é boa, é de outra vida ou de seus amigos espirituais. Ao contrário, são obsessores tentando lhe atrapalhar a encarnação.

– Quer dizer que, quando tenho pensamentos bons, instrutivos e moralmente corretos, é conquista de outras vidas ou auxílio dos meus mentores. Ao contrário, pode ser um processo obsessivo. É isso?

– Sim.

– E como posso me livrar desses pensamentos tolos?

– Orando e buscando harmonizar-se com pensamentos, sentimentos e lugares positivos.

– E quais são esses lugares positivos?

– É o que mais há entre vocês.

– Pode citar alguns, Lucas?

– Cachoeiras, matas, oceanos, vales, montanhas... Em todo lugar, há Deus. Mas, me diga, em que Deus você acredita?

– Não sei se devo falar.

– Por quê?

– Sinceramente?

– Seja sempre sincero. Vale muito a pena ser assim.

– Tenho uma visão um pouco fora do padrão do ambiente em que vivo e da religião que sigo.

– Deixe-me dizer uma coisa para você...

– Diga, Lucas.

– Antes mesmo de encarnar, eu o conheci. Antes da relação mediúnica em que estamos envolvidos, eu o escolhi. Por isso, não há segredos entre nós. Embora você não se lembre de mim, eu o conheço muito bem.

Caí em lágrimas...

Aquela revelação mexeu com todos os meus sentimentos naquela manhã.

Como assim, ele me conhece?

De onde vim?

Quem sou?

Essas perguntas ecoavam dentro de mim, causando um turbilhão de sentimentos difíceis de administrar naquela hora.

Lucas olhava para mim com serenidade.

Eu, muito emocionado com aquela revelação, só fazia chorar…

Ele nada dizia…

Após alguns minutos, eu me refiz e voltei ao diálogo com o mentor espiritual.

– Perdoe-me, Lucas.

– Não tem que pedir perdão.

– É que nunca imaginei que tinha uma relação espiritual com você antes desta encarnação.

– Não há acasos… Alguém já lhe disse isso?

– Escrevo todos os dias essa frase…

– Pois bem, estamos ligados há muitas vidas.

– Você pode me falar algo sobre elas?

– Ainda não é o momento. Na hora apropriada, iremos ter uma conversa sobre nosso passado.

– Meu Deus, Lucas, não tenho palavras para lhe agradecer por essas informações.

– Não agradeça. Escreva...

– É isso que me mantém vivo hoje.

– Por que disse isso?

– A vida aqui não é nada fácil, Lucas.

– Se fosse fácil, por que você estaria aí?

– É, o Rodrigo me disse isso...

– As encarnações são provas purgativas. São oportunidades redentoras muitas vezes imploradas por você para poder estar entre os seus e, através das dificuldades impostas pelo mundo em que vive, purgar todo o mal praticado em períodos anteriores. Ou, até mesmo, você implorou por esta vida para poder estar ao lado daqueles que ama verdadeiramente, a fim de auxiliá-los a suportarem as provas evolutivas impostas a quem você muito quer ver evoluir. Portanto, nunca, nunca mesmo, lastime as provações evolutivas.

– Obrigado, Lucas, por suas instruções. Sem elas, estaríamos perdidos.

– Essa é a verdadeira missão dos espíritos entre vocês. Não se engane achando que estamos aqui para interferir nos processos evolutivos de cada espírito encarnado. Nossa função é apoiar, orientar e amparar, somente isso.

– Obrigado, Lucas.

– Mas voltemos ao assunto: em que Deus você acredita?

– Não sei se devo dizer...

– Diga. Estou curioso – disse o mentor.

– Você já ouviu falar no Deus de Spinoza, Lucas?

– Deus de Spinoza? ... Spinoza?

– É um texto muito antigo, escrito por um filósofo holandês que viveu no século XVII.

– E o que esse irmão escreveu?

– Ele escreveu... Posso dizer?

– Sim, diga...

– Vamos lá, então...

"Ele escreveu: 'Para de ficar rezando e batendo no peito.

"O que quero que faças é que saias pelo mundo e desfrutes de tua vida.

"Quero que gozes, cantes, te divirtas e que desfrutes de tudo o que fiz para ti.

"Para de ir a esses templos lúgubres, obscuros e frios que tu mesmo construíste e que acreditas ser a minha casa. Minha casa está nas montanhas, nos bosques, nos rios, nas praias. Aí é onde vivo e expresso o meu amor por ti.

"Para de me culpar pela tua vida miserável; eu nunca te disse ser um pecador.

"Para de ficar lendo supostas escrituras sagradas que nada têm a ver comigo. Se não podes me ler num amanhecer, numa paisagem, no olhar dos teus amigos, nos olhos de teu filhinho... Não me encontrarás em nenhum livro.

"Para de tanto ter medo de mim.

"Eu não te julgo, nem te critico, nem me irrito, nem me incomodo, nem te castigo. Sou puro amor.

"Para de me pedir perdão. Não há nada a perdoar. Se eu te fiz... Eu te enchi de paixões, de limitações, de prazeres, de sentimentos, de necessidades, de incoerências, de livre-arbítrio. Como posso te castigar por seres como és, se sou eu quem te fez? Crês que eu poderia criar um lugar para queimar a todos os meus filhos que não se comportam bem pelo resto da eternidade? Que tipo de Deus pode fazer isso?

"Esquece qualquer tipo de mandamento; são artimanhas para te manipular, para te controlar, que só geram culpa em ti.

"Respeita o teu próximo e não faças aos outros o que não queiras para ti.

"A única coisa que te peço é que prestes atenção à tua vida; que teu estado de alerta seja o teu guia. Tu és absolutamente livre para fazer da tua vida um céu ou um inferno.

"Para de crer em mim... Crer é supor, imaginar. Eu não quero que acredites em mim. Quero que me sintas em ti quando beijas tua amada, quando agasalhas tua filhinha, quando acaricias teu cachorro, quando tomas banho de mar.

"Para de louvar-me! Que tipo de Deus ególatra tu acreditas que eu seja? Tu te sentes grato? Demonstra-o cuidando de ti, da tua saúde, das tuas relações, do mundo. Expressa tua alegria! Esse é o jeito de me louvar.

"Para de complicar as coisas e de repetir como papagaio o que te ensinaram sobre mim. Não me procures fora! Não me acharás. Procura-me dentro... Aí é que estou, em ti.'"

– É isso que você acredita ser Deus, Osmar?

Temeroso da resposta que deveria dar ao Lucas, eu me calei por alguns segundos.

Após uma pausa, disse:

– É esse o Deus em que acredito, Lucas. Perdoe-me se estiver errado. E aproveito para lhe pedir orientação sobre minha crença em Deus.

– Meu filho, se algum espírito lhe impuser qualquer tipo de crença, ele deixa de ser um espírito de Deus e se torna um obsessor em sua vida. A liberdade de pensar, agir e evoluir é o que realmente parte de Deus. Pensadores, doutores, intelectuais, padres, bispos, sacerdotes, mestres, divinos, iluminados, monges, enfim, qualquer que seja o nome que se dê, alguém que se ache conhecedor das intimidades de Deus é, na verdade, um irmão muitíssimo equivocado com o que é e deveria fazer.

"Eles deixam de lado o conhecimento, a sabedoria e as conquistas evolutivas das encarnações anteriores, valorizando o encanto, inflando seus egos e distanciando-se do caminho ofertado no processo evolutivo de todos os espíritos.

"O Espiritismo chegou para vocês como a porta aberta para a evolução, a salvação. É a porta estreita que muitos pensam alargar.

"Nunca deveria ter sido intitulada "Doutrina dos Espíritos", pois tudo o que se é doutrinado afasta-se dos propósitos da evolução.

"Esse Deus no qual você acredita é o Deus verdadeiro. É o mesmo que nós, espirituais, acreditamos. Ele é o Pai de amor, caridade, sabedoria e bondade. Parabéns por sua crença e sabedoria. Continue assim e verá o quanto foi boa para você a encarnação atual."

– Obrigado, Lucas.

– Osmar, tudo o que escraviza, doutrina ou é imposto por meio de dogmas ou crendices, não é de Deus. Creia nisso e continue a sua missão. Continue a missão de levar todas as verdades escritas nas obras que tem oportunidade de psicografar.

"Não se importe com os que pensam diferente de você... Eles estão em todos os lugares.

"É chegado o momento de todos vocês se conscientizarem de que tudo mudará e se prepararem para as mudanças que batem à porta da regeneração."

– Lucas, eu estou muito temeroso com nosso futuro. Cada dia que passa, as coisas ficam mais difíceis aqui na Terra.

– Você teme o seu futuro?

– O futuro da humanidade.

– É de se preocupar mesmo.

– Estamos vivendo dias muito difíceis. Estou temeroso com o futuro da humanidade.

– A humanidade caminha atualmente para o abismo, posso lhe assegurar.

– Meu Deus...

– Pois fique tranquilo. Você não vai estar encarnado para ver.

– Isso não me tranquiliza, Lucas.

– Mas conforta... Saber que você não sofrerá na carne as consequências dos atos hoje praticados pelas sociedades descrentes nas Leis Naturais, que regem todos os universos, certamente é algo que o deixa mais tranquilo.

– Mas meus filhos e netos participarão?

– Por isso, continue sua evolução. Se ama os seus verdadeiramente, evolua, porque, estando evoluído espiritualmente, você terá acesso a eles após seu desencarne e certamente poderá ajudá-los.

– Sempre acreditei nisso.

– Que bom que você já despertou!

– Posso lhe contar uma coisa?

– Claro.

– Quando sofri um grave acidente aos 25 anos, estive na vida espiritual, onde encontrei minha querida mãe, e voltei, muito contrariado, ao meu corpo para terminar esta encarnação, eu percebi que as pessoas não acreditariam em mim, mas que eu precisava fazer algo pelos meus filhos e por todos que eu amo.

"Foi então que percebi que, evoluindo, eu provavelmente teria condições espirituais de visitar e ajudar aqueles que ficarão após a minha encarnação. E agora você me diz exatamente o que decidi há alguns anos."

– Você agiu com inteligência.

– Pensei que, se ninguém acredita que a vida continua, eu, que vivi a experiência da vida depois da morte, tenho que achar um jeito de ajudar meus filhos. Foi quando percebi que, evoluindo, eu poderia ajudá-los. Então, fiz o que estou fazendo até hoje.

– Certamente, você terá livre acesso a todos os que ama após seu desenlace. Para isso, não mude o caminho.

– Passo por muitas coisas que me convidam a desistir todos os dias, Lucas. Mas posso lhe garantir que eu não vou desistir do amor...

– Isso mesmo... Somente o amor é capaz de lhe proporcionar liberdade na vida espiritual.

– Obrigado, Lucas.

– Não agradeça. Escreva...

– Estou fazendo isso. Voltando ao assunto do futuro da humanidade, o que tem a nos dizer, se é que pode nos orientar?

– Quem irá falar com você sobre o futuro será o Jonas.

– Ele virá para esta psicografia?

– Já está vindo. Fique com seu Deus de Spinoza... Gostei dele – disse Lucas, sorrindo.

– Obrigado, Lucas.

– Até breve!

– Até...

Lucas me deixou.

Fiquei à espera de Jonas para darmos continuidade a esta obra.

“

O destino de todos os espíritos é a evolução.

”

Lucas

Jonas

Poucos minutos após Lucas me deixar, uma forte luz invadiu meu local de psicografias. Logo percebi tratar-se da chegada de Jonas.

Conheci o Jonas durante a psicografia do livro *Regeneração – Uma Nova Era*, e acho que devo apresentá-lo a todos vocês.

A luz que iluminou todo o meu ambiente de trabalho naquele dia era, na verdade, um enorme túnel de raios na cor violeta. Foi quando o Jonas se aproximou de mim, saindo daquele enorme túnel de luz que se abriu dentro do meu escritório.

Sorridente, ele se posicionou ao meu lado, que estava sentado e assim continuei.

– Olá, Osmar!

– Que honra recebê-lo novamente, Jonas!

– O prazer é meu.

– O Lucas me disse que você viria.

– Estamos juntos para levar a todos vocês mais algumas informações.

– Eu lhe sou muito grato, Jonas.

– Vamos começar?

– Sim, mas, antes, eu gostaria de apresentá-lo aos meus leitores e explicar a todos quem é você. Pode ser?

– Claro…

– Posso perguntar?

– Pergunte!

– Gostaríamos de saber um pouco mais sobre você…

– O que você quer saber?

– Quem é Jonas, onde vive, essas coisas… É que, sempre que escrevo, apresento o espírito que está se comunicando, entende?

– Sim. O que você quer saber? – perguntou Jonas. Ele não parecia irritado.

– Quem é você?

– Sou o Jonas, como você sabe, mas vou lhe contar minha história novamente neste livro.

– Eu agradeço.

– Vamos lá…

– Onde você vive, Jonas?

– Venho de uma dimensão distante.

– Como assim, distante?

– Em toda a Criação, há divisões energéticas e espirituais, que chamamos de dimensões espirituais.

– Você já viveu na Terra?

– Sim.

– Faz muito tempo que você esteve aqui?

– Sim, bastante tempo.

– Você se lembra?

– Sim, foi no ano 970, antes de Cristo, uma das minhas últimas encarnações na Terra.

Naquele momento, me veio a lembrança do Jonas do Velho Testamento. Eu não poderia deixar passar aquela oportunidade e logo perguntei:

– Você é o Jonas do Velho Testamento?

– Sim, mas muita coisa escrita ali, eu não vivi.

– Você se lembra dessa vida?

– Perfeitamente. Foi uma encarnação muito importante para a minha evolução pessoal; como poderia me esquecer?!

– Diz a Bíblia que você falava com Deus.

– Quando cheguei à vida espiritual, descobri que o Deus com quem eu falava era, na verdade, o espírito que vocês chamam de mentor espiritual. Era um espírito muito iluminado, que me guiou naquela encarnação, como o seu mentor, o Rodrigo, por exemplo. Eu estava naquela encarnação como médium vidente.

– Mas todos os apóstolos e profetas diziam falar com Deus.

– Deus estava bem presente na Terra naquela época, Osmar, como está atualmente, mas não era Ele quem falava diretamente conosco. Ele tinha Seus emissários para cuidar de tudo, como tem hoje. O que aconteceu, na verdade, é que inúmeros médiuns videntes missionários encarnaram para fazer as revelações.

"Hoje em dia, estamos em missão de nova aproximação. Por esse motivo, há tantas psicografias e tantas revelações da vida após a encarnação.

"Há, entre vocês, bilhões de espíritos missionários. O planeta está em modificação e, para que tudo se cumpra, uma verdadeira legião de benfeitores está entre vocês.

"Estamos atuando em diversas frentes espirituais, implementando e informando tudo o que é possível e de fácil compreensão aos espíritos encarnados, para que tudo transcorra da melhor maneira possível. Deus não dá sustos nem, muito menos, saltos. Ele dá lições e oportunidades infinitas. Essa é a Lei."

– Que informação legal, Jonas!

– Deus é mais do que imaginam os seres terrenos. Deus é a perfeição. E, sendo Ele perfeito, nada está ao acaso.

Tudo tem um propósito e há um plano de Deus para cada um dos Seus filhos. Creia nisso e tudo lhe será facilitado.

– Então, você não é um ser terreno?

– Não, eu sou um espírito um pouco diferente. Mas que fique claro que todos somos extraterrestres... Você também o é.

– Como assim, Jonas?

– Somos todos de outro lugar. Estamos temporariamente experimentando em planetas para, através das experiências, nos melhorarmos.

– Se você é diferente, como posso chamá-lo?

– Você pode me chamar de um espírito puro. Mas, Osmar, nomes ou títulos não são muito importantes onde vivemos.

– O que é isso?

– Isso o quê?

– Um espírito puro. Eu já estudei muito sobre o tema, mas gostaria que você nos informasse o que é ser um espírito puro. Como você conseguiu se tornar puro?

– Allan Kardec trouxe essa informação para vocês. Está na Codificação Espírita.

– Sim, sim, está em *O Livro dos Espíritos*. Primeira ordem, segunda ordem e terceira ordem. Eu sei disso.

– Isso, Osmar. Estou, para vocês, espíritas, na primeira ordem.

– Como é viver assim, Jonas?

– Viver é uma palavra humana, Osmar.

– Qual termo vocês usam, então?

– Existir. O certo seria você me perguntar de que forma eu existo.

– Está feita a pergunta. De que forma você existe?

– Assim como vocês estão em busca da perfeição espiritual, nós, que já alcançamos um pouco dela, estamos em busca de dimensões superiores na vida espiritual. Os espíritos não param de buscar a perfeição. Esse é um processo natural. Está intrínseco ao ser espiritual, mesmo que esteja imperceptível momentaneamente para alguns. Quando alcançamos certo grau evolutivo, Osmar, vamos em busca de outras dimensões, compreende?

– Sim, compreendo. Vocês também estão em evolução? Ou seja, continuam evoluindo?

– Não chamamos mais de evolução, mas sim de conhecimento pleno ou, se preferir, de aperfeiçoamento espiritual.

– Entendo. Quanto mais conhecimento, mais sabedoria.

– Isso! Estamos em busca da sabedoria plena.

– Ela existe?

– É onde vive Deus.

– Eu me sinto um pontinho na imensidão, Jonas.

– Eu também – disse o sábio mentor.

– Como assim, Jonas? Você já é um espírito puro.

– Mas a estrada é longa para todos, Osmar. Ter pureza não significa estacionar. A pureza nos impulsiona a ir além de nossos limites. Assim são as coisas de Deus. Todos os espíritos estão testando seus limites, explorando novos universos, aprimorando sua intelectualidade e aperfeiçoando sua moralidade.

– Que bom, Jonas!

– É bom saber isso, não é, Osmar?

– Sim, me sinto um privilegiado em escrever estas linhas.

– Você não é um privilegiado; é simplesmente um escolhido. É um trabalhador que faz um bom trabalho.

– Obrigado, Jonas, por me permitir esta oportunidade.

– Nós é que agradecemos sua dedicação e sua reforma. Sem ela, eu não estaria aqui. Sem se modificarem, os espíritos estacionam.

"É para isso que estamos em todos os lugares, para instruir os espíritos em provas a buscarem melhorar-se. Melhorando, todos acessam as dimensões superiores. E, as acessando, se compreendem como eternos, e isso é bom!"

Após uma pausa emocional, continuamos...

– Jonas, você pode me falar mais sobre o lugar em que vocês vivem?

– Nós não vivemos propriamente em um lugar. Os espíritos evoluídos vivem nas colônias. Nós, os espíritos puros, estamos em todo o Universo, mas, claro, cada um cuidando de uma coisa específica. Temos uma estação de repouso, ou melhor, o nosso lugar, como todos os espíritos têm. Quando precisamos de momentos íntimos ou de descanso, vamos para esse lugar. Deixo claro aqui que os espíritos não se cansam, mas precisam de momentos de reflexão e introspecção para, através das experiências vivenciadas, aperfeiçoarem-se.

– Como assim?

– Osmar, o que nos difere dos demais espíritos é a nossa superioridade intelectual e moral absoluta. Como disse, não temos um lugar apropriado; estamos no todo. Nosso trabalho é harmonizar o Universo, cuidar para que tudo se cumpra. Embora tenhamos um planeta, não estamos lá a todo momento. Nosso planeta é uma das milhares de estações, compreende?

– Entendi. Onde tiver a necessidade de auxílio e amparo, ali vocês estarão.

– Isso.

– Na verdade, o que eu gostaria de saber é se vocês trabalham na Terra, como os demais espíritos, ou ficam restritos às colônias?

– Hierarquicamente, estamos em amparo às colônias,

por ser mais fácil para nós. E os outros espíritos também precisam das oportunidades evolutivas. Poucos espíritos puros vêm à Terra. Somente em casos de extrema necessidade. Vocês devem seguir o curso natural evolutivo. Quanto menos interferência, melhor.

– Mas, para podermos alcançar a evolução, eu acho que precisamos da ajuda de vocês.

– Se ficarmos ajudando vocês a todo tempo, qual será o trabalho das colônias e dos demais mentores de luz?

– Não havia pensado nisso... Foi duro conseguir ser um espírito puro, Jonas?

– Foi mais simples do que imagina.

– Você pode nos deixar uma dica?

– Sim, claro que sim. Para se tornar um espírito puro, você precisa primeiro alcançar a totalidade moral. Depois, você precisa conquistar a plenitude intelectual.

– Caramba, como estamos distantes disso!

– Eu também estive longe, mas, devido ao meu esforço, dedicação e transformação, estou onde estou.

– Quando alcançamos a totalidade moral, chegamos perto de vocês?

– É a primeira e principal condição para um espírito se tornar perfeito.

– O que mais precisamos?

– Evoluir, Osmar.

– Essa é a parte mais difícil, Jonas. Evoluir...

– Mas é possível. E, se é possível, vocês conseguem. Aliás, é o destino da Criação. Todos conseguirão um dia.

– O que mais vocês fazem?

– Nós somos os ministros das Leis Naturais criadas por Deus. Auxiliamos na manutenção da harmonia universal, como já disse.

– Quer dizer que vocês estão em todo o Universo?

– Sim, em todos os lugares.

– Em que consiste esse trabalho?

– Dirigimos os espíritos que estão nas colônias, mas que ainda são inferiores. Nós os auxiliamos a se aperfeiçoarem e determinamos as missões evolutivas, amparando-os e auxiliando-os nas horas mais difíceis.

– Quer dizer que vocês são os espíritos que dão todo o suporte às colônias?

– Não só às colônias, mas a todo o Universo, como disse anteriormente.

– Vocês encarnam?

– Se houver necessidade, estamos prontos para isso.

– Posso compará-lo ao Cristo Jesus?

– Não. Jesus é o mais puro dos espíritos puros. Nós ainda estamos na estrada, em busca de tamanha perfeição.

– Mas você tem contato com Ele?

– Sim, Ele e Seus ministros nos dirigem sobre as questões terrenas.

– Vocês trabalham também em outros universos?

– Sim. Trabalhamos para a harmonia universal, como já lhe disse. É importante ressaltar, Osmar, que a evolução do espírito é infinita. Todos os espíritos caminham rumo a uma perfeição ainda desconhecida até para nós, os espíritos puros.

– Como é isso?

– Perfeição é estar no todo. Ainda não estamos no todo, entende?

– Mais ou menos.

– Deixemos isso para outra conversa.

– Gratidão por suas palavras. Elas enriquecem o meu ser.

– É importante que fique registrado neste livro que nós, os espíritos puros, também sofremos gradações.

– Gradações? Você pode explicar isso?

– Sim. Um espírito puro há mil anos não é igual a um espírito de 100 mil anos, que não é igual a um espírito de um milhão de anos. Um espírito puro de dez milhões de anos não se compara a um de 100 milhões de anos, entende?

– Sim.

– Portanto, não somos iguais.

– Então, o que os diferencia?

– Sabedoria, grandeza moral e grandeza intelectual, como já disse antes.

– Entendi. É verdade que Jesus é o espírito governador desse planeta?

– Sim, Ele é quem nos governa. Não só o planeta, mas toda a sua galáxia.

– É, agora compreendo melhor a missão de vocês.

– O que o faz compreender?

– Se Jesus, que é o espírito mais puro, veio até nós para nos direcionar, começo a compreender melhor esta psicografia.

– Vocês, médiuns, são os meios que usamos para direcionar a humanidade e revelar aquilo que a tornará melhor. Lembre-se de que as informações sobre a existência de uma vida após a encarnação lhes foram trazidas por médiuns, e são eles que estão preparando a Terra para a regeneração.

“Jesus, em Sua curta caminhada terrena, os alertou: há muitas moradas na casa do Pai. Mas poucos deram ouvidos a essa revelação. Aliás, a quase todas as revelações. Foi necessário que uma nova ordem espiritual se estabelecesse sobre o orbe terreno para que vocês tivessem mais informações sobre a vida contínua.

"Foram vocês, os médiuns, que possibilitaram nossas intensas comunicações. E, através delas, pudemos informar e conscientizar aqueles que desejam saber mais e que compreendem que a vida não está condicionada a uma vida terrena, mas sim à vida espiritual. Ela é que é importante. Sem as psicografias, sem as aparições, sem as revelações, sem as comunicações, sem ter sido estabelecida a Doutrina Espírita, todos ainda estariam muito atrasados.

"O progresso é uma condição imperceptível para alguns, mas é ele que, lentamente, leva todos ao encontro do divino, todos os dias, em todos os segundos das existências. Todos estamos nesse grande oceano, e nele há muita vida, muita abundância e infinitas possibilidades. Você escolhe nadar em águas mansas ou enfrentar as tempestades, sendo que elas, as tempestades, são aquilo que o fortalece o suficiente para atravessar os oceanos da evolução.

"São as provas mais difíceis que lhe enobrecem o espírito. Toda prova superada resulta em salário de evolução."

– Sou grato por esta oportunidade, Jonas. Muito grato!

– Não agradeça. Escreva...

– Nina sempre me diz isso. Aliás, todos os espíritos que escrevem comigo dizem isso.

– Eles sabem o que dizem. Escreva, Osmar.

– Difíceis são os julgamentos...

– Para me tornar um espírito puro, eu também passei por isso. Eu também fui julgado e, algumas vezes, condenado.

– Você pode me contar uma de suas experiências terrenas? Aquela que mais o ajudou?

– Sim, vamos lá…

"Nasci na Galileia. Meu pai se chamava Amitai. Eu vivia em uma pequena aldeia chamada Gate-Hefer. Naquela época, eu vivia em perturbação mediúnica.

"Certo dia, um espírito apareceu para mim e disse que eu tinha que subir à grande cidade de Nínive e profetizar contra ela. Obedeci por medo daquele espírito, que tinha uma luminosidade que eu nunca havia visto."

– Tipo esta que você carrega agora?

– Maior. Então, fui até o porto e embarquei em um navio que se dirigia a Társis. Eu gostava muito da cidade de Nínive e relutei em seguir a orientação daquele espírito iluminado, que eu achava ser Deus.

"No meio da viagem, veio uma grande tempestade. O navio estava a ponto de afundar, quando os marinheiros, apavorados, começaram a lançar toda a carga ao mar. Eles precisavam se livrar do peso para a embarcação não virar.

"Foi quando o capitão do navio veio até mim. Eu estava no porão do navio, dormindo. Ele disse: 'Levante-se! Invoque o seu Deus para nos salvar.' Eu já tinha uma fama de conversar com Deus. Então, os marinheiros decidiram lançar a sorte entre si, porque diziam que algum de nós era responsável por aquele mal. Essa sorte caiu sobre mim."

– E o que eles fizeram?

– Paguei o preço de minha língua. Eu tinha contado a eles sobre os espíritos e sobre o Deus de Israel. Eu estava com muito medo e sugeri a eles que me atirassem ao mar. Era a melhor opção naquele momento, já que eles queriam me matar, e as espadas eram muito afiadas. Não conseguia imaginar a lâmina perfurando meu frágil corpo. Eu tinha muito medo.

– E o que eles fizeram?

– Decidiram seguir a minha orientação.

– Eles o jogaram no mar revolto?

– Sim.

– E o que aconteceu?

– Assim que cheguei ao fundo do oceano, fui engolido por uma enorme baleia.

– Eu já li essa história na Bíblia.

– Está realmente relatada no livro.

– E então?

– Orei a Deus com todas as minhas forças. Poucos minutos após ter sido engolido, o enorme peixe me vomitou nas areias de uma praia distante de Nínive. Havia muito oxigênio no estômago da baleia. Foi assim que sobrevivi.

"Aquele ser de luz apareceu para mim novamente e me disse que Nínive estava condenada e que eu tinha que continuar a minha missão.

"Caminhei por três dias até chegar à cidade. E, quando cheguei, parecia que Nínive era outro lugar. Tudo o que havia de errado foi extinto pelo rei, que ordenou jejum de 30 dias a todo o povo, livrando assim aquela cidade da destruição."

– Deus destrói as coisas d'Ele?

– Não, Ele renova tudo que Ele tem. De tempos em tempos, tudo se renova, como agora o seu planeta será renovado.

– Por que a regeneração?

– Vocês deveriam trocar a palavra "regeneração" por "nova oportunidade" ou "nova era".

– Como assim, Jonas?

– Deus dá oportunidades infinitas a Seus filhos. Tudo o que Ele reforma é para o bem de todos. Assim, o planeta Terra, como nos velhos livros, sofre agora a transformação necessária à evolução daqueles que compreendem a Lei Maior.

– Agora compreendo melhor o que está acontecendo. É como Nínive. Deus ia transformar aquela cidade com alguma tragédia, mas não o fez porque o povo mudou a sua vibração espiritual.

– É mais ou menos isso.

– Como assim, mais ou menos?

– Deus não muda uma cidade; Deus muda uma nação.

– Compreendo. Então, esse relato bíblico é verdadeiro?

– Sim, há confirmações arqueológicas de minha existência terrena. O túmulo com os meus restos mortais encontra-se no norte de Israel. Se você pesquisar, poderá ver que foram desenterradas moedas antigas com a inscrição de um homem saindo de um peixe. Esse sou eu.

– Que bom, Jonas! Assim, eu não fico falando sozinho.

– Escreva, Osmar. Escreva...

– Desculpe-me, Jonas.

– Não tem que se desculpar. Tem que escrever.

– Jonas, estamos vivendo tempos difíceis aqui na Terra. Isso faz parte do processo da regeneração?

– Ainda ficará bem pior.

– Pior?

– Sim. Vamos ao livro?

– Sim, vamos – disse ao iluminado.

Eu estava diante de um espírito de grandeza incompreensível para mim naquele momento. O que mais me impressionou em Jonas foi o seu jeito de falar, simples, humilde, carismático e bondoso, de uma sabedoria ímpar.

Fiquei perplexo com essa aparição. Como assim, logo para um simples médium como eu, cheio de defeitos? Foi então que fiz a pergunta crucial para mim.

– Jonas, antes de começar o livro, eu posso lhe fazer uma última pergunta?

– Sim, Osmar.

– Por que você me escolheu?

– Por que eu não o escolheria?

– Existem tantos médiuns melhores que eu para esse contato.

– Existem muitos médiuns perdidos em suas vaidades. Existem muitos médiuns perdidos em suas palavras. Deus gosta dos simples e dos humildes, Osmar. Você não é melhor nem pior do que aqueles que estão encarnados hoje. Por isso, escreva... – Fiquei emocionado e algumas lágrimas visitaram meus olhos cansados. – Não chore – disse Jonas, tentando me acalmar.

– Tenho certeza de que serei crucificado em praça pública por este livro, Jonas.

– Ainda bem que vai ser em praça pública, e não no alto de um monte.

– Você deve estar brincando.

– Estou. É para você descontrair. Osmar, as informações que vou lhe passar neste livro gerarão muitos comentários.

Alguns acreditarão, mas outros farão o que sempre fazem. No começo, poucos vão entender o sentido deste capítulo, mas, com o passar do tempo e com a confirmação dos acontecimentos que relataremos, todos, um dia, irão estudar esta obra.

– Isso me conforta.

– Então, escreva. Não se importe com o que as pessoas vão dizer e, muito menos, pensar. É errando e acertando que o espírito evolui. E, atualmente, vocês estão errando mais do que acertando.

– Obrigado, Jonas.

– Não agradeça. Escreva...

– Vamos escrever.

Emocionado, me concentrei para começarmos a escrever mais um capítulo deste livro.

“

De tempos em tempos, Deus muda uma nação!

”

Jonas

O futuro

Eu me preparei para as informações que o Jonas me traria naquela hora.

– Bom, Jonas, estou pronto.

– Escreva...

– Vamos lá...

– Os dias atuais do seu planeta serão de muitas reviravoltas em todos os aspectos da sociedade.

"Como disse anteriormente, é chegada a hora da transformação.

"Acontece que, com o advento da era espacial, vocês estão cada dia mais próximos das viagens intergalácticas, e isso fez acender um novo tempo, uma nova era.

"Pelos idos de 1960, ao conquistarem o espaço levando a primeira espaçonave à Lua, vocês dispararam o gatilho da regeneração do seu planeta. Não é nada que não estivesse planejado, fiquem certos disso, pois não há absolutamente nada que aconteça que não esteja devidamente programado para a evolução das espécies.

"Ao adentrarem esse novo universo de possibilidades, houve uma ordem decretada pela Espiritualidade Superior. Chegava finalmente o momento do planeta ser transformado em um planeta regenerado.

"Entendam que o processo da regeneração não se dará em um dia, uma semana, um mês ou nem mesmo um século. Tudo dependerá dos passos que a própria humanidade dará em direção ao progresso e evolução dos espíritos. Mas sabemos que os objetivos serão atingidos, embora sejam causadores de muita dor.

"Todo processo evolutivo nasce na ideia e passa pela dor e sofrimento para, enfim, atingir seus objetivos.

"No ano de 1960, foram abertos todos os portais nas regiões de sofrimento que aprisionavam bilhões de espíritos, que estão agora, em sua maioria, encarnados.

"Pela escassez de oportunidades reencarnatórias, havia aproximadamente nove bilhões de espíritos em sofrimento, implorando por uma encarnação, o que foi permitido pela Lei Natural e vem acontecendo desde então."

– Fomos realmente invadidos, Jonas. Eu tenho comentado isso em minhas palestras. No ano de 1960, havia aproximadamente 3,5 bilhões de espíritos encarnados. Desde então, em apenas 64 anos, encarnaram cerca de cinco bilhões de espíritos.

– Ainda faltam chegar aproximadamente três bilhões.

– Então, teremos o encarne de sete bilhões de espíritos em breve?

– Sim. Até o ano de 2080, serão aproximadamente dez bilhões de espíritos encarnados.

– Meu Deus!

– O que houve?

– Se as coisas estão complicadíssimas com a população atual, imagine com dez bilhões...

– É o que está programado, como disse.

– E todos esses espíritos estão vindo do Umbral?

– Dos umbrais que os cercam.

– Jesus!

– Ele mesmo é quem está coordenando todo esse processo.

– Mas o mundo está ficando pior, Jonas.

– Pior em que sentido?

– Mais violência, homicídios, feminicídios, abortos, guerras... Tudo de ruim que poderíamos imaginar está cada dia mais evidente.

– Seu plano está ficando consoante com os espíritos que aqui estão chegando. Lembre-se de que o pensamento, as atitudes e o que vocês realizam é que definem o lugar onde vivem. Os espíritos se unem por afinidade. Lembre-se sempre disso...

– É assustadora a sua informação.

– Realmente, o Umbral se instalará no plano físico.

– Meu Deus... O que fazer, Jonas?

– Aprender a viver nele.

– Mas como fugir desses espíritos malignos?

– Através das organizações beneficentes.

– Através da bondade?

– Sim, só o amor pode derrotar o mal.

– Mas, pelo que estamos vendo atualmente, eles estão cada dia em número maior... Como combater espíritos trevosos instalados nas lideranças governamentais, em todos os lugares das sociedades?

– Com o amor, meu querido escritor.

– Hoje em dia, não sei se você sabe, estamos em um momento em que o amor quase não é visto mais. As sociedades estão cada dia mais materialistas, mais egoístas e somente preocupadas com a classificação de suas redes sociais.

"Os governos estão sendo dominados por ideologistas que implantam sistemas que não deram certo em lugar nenhum. Escravizam pessoas mais humildes, comprando-as com cestas básicas e esmolas mensais.

"As igrejas estão vendidas aos caprichos humanos.

"Pastores ostentam riqueza com recursos extraídos dos mais ignorantes.

"Padres pedófilos...

"As casas espíritas são dominadas por poderosíssimos obsessores, que ditam regras absurdas ao Espiritismo.

"A Umbanda se perdeu em achismos e animismo.

"Para onde olhamos, só vemos ódio, pobreza, avareza, maldade, perversidade e ideologias. Mata-se pela cor da pele... A vida perdeu o valor.

"Está tudo muito difícil, Jonas.

"Estamos lutando contra inimigos poderosos."

– Deixe-me revelar uma coisa para você.

– Sou seu lápis, Jonas.

– Você conhece a parábola do joio e do trigo?

– Sim, já fiz várias palestras sobre ela.

– E o que ela ensina?

– A parábola do joio e do trigo nos ensina que o mal (joio) e o bem (trigo) devem crescer juntos, mas que haverá o momento da ceifa, e é nessa hora que o joio será extirpado da lavoura.

– É exatamente isso que seu plano está vivendo.

– Sério?

– Sim. A grande ordem mundial decidiu que o joio e o trigo deveriam ser juntados na Terra para serem separados no momento da ceifa.

– E quando será esse dia?

– Não será um dia... Serão algumas dezenas de anos, pois a misericórdia e o amor sempre se sobrepõem ao sofrimento.

– Quer dizer que os umbrais se juntaram na Terra para serem preparados para a ceifa?

– Os espíritos se juntaram na Terra para, através das últimas encarnações juntos, purgarem os males praticados uns contra os outros, a fim de findarem definitivamente as dívidas contraídas nas experiências anteriores. Assim, todos estão na prova final. Aqueles que conseguirem reparar os débitos anteriores continuarão em um planeta regenerado. Os que falharem definitivamente serão exilados para outros planetas, que estão conforme seus sentimentos e seus graus de evolução.

– Mas, Jonas, por que, então, estamos vivendo em um mundo tão ruim? Se todos voltaram para a reparação, por que estamos assim?

– Os espíritos trazem para a encarnação aquilo que têm em essência. Osmar, você pode mudar o mundo, mas a essência dos espíritos só eles mesmos podem mudar.

"Ao adentrarem o plano terreno, muitos desses espíritos que estavam em punição, sem oportunidades de encarnar, se esquecem de se dedicar e purgar seus débitos. Ao invés disso, ao perceberem uma nova oportunidade, potencializam seus desejos de vingança. Esquecem que não haverá outra oportunidade. Na verdade, têm consciência de que não mais voltarão e agem pelo ódio, esquecendo-se do amor."

– Por que isso acontece, Jonas? Por que não aproveitam essa oportunidade para melhorar-se e evoluir?

– Meu nobre escritor, você me permite lhe ensinar uma coisa?

– Claro, Jonas, por favor...

– Preste atenção.

– Estou prestando.

– O que você acha que vai lhe acontecer após a vida terrena, quando seu corpo entrar em falência e você desencarnar?

– Espero ser recebido em uma colônia espiritual e viver lá ao lado das pessoas que amo.

– Por que você pensa assim?

– Acho que é porque tenho conhecimento sobre isso.

– E o resto da população mundial, no que você acha que eles acreditam?

– A maioria acredita em céu e inferno.

– E aqueles que em nada acreditam?

– Não faço ideia do que pode acontecer com esses irmãos.

– Anote aí...

"Após o desenlace, nada muda. Se você é uma pessoa apaixonada pela vida na Terra, acordará entre os seus. Viverá como um vagante, sem nada poder fazer.

"Se você tem um pouco de entendimento sobre o que realmente é a vida após o desenlace, será acolhido em uma cidade espiritual e lá poderá se tratar, se melhorar e viver.

"Mas, se você é um encarnado cheio de ódio, vícios, avareza, rancores e mágoas; se você atenta contra a vida consciente ou inconscientemente, acordará nas regiões de sofrimento, aquelas que vocês chamam de Umbral."

– Meu Deus...

– Mas o que todos devem saber é que não haverá castigo em nenhuma dessas situações.

– Ir para o Umbral não é um castigo?

– Não. O Umbral é, na verdade, o lugar que mais se parece com você. Você acordará no lugar que mais se parece com você, e ponto-final.

– Quer dizer que ninguém é punido?

– Se punisse qualquer um de Seus filhos, Ele não seria Deus; seria um espírito igual a você. Pare de humanizar Deus. Ele não é humano e não carrega sentimentos humanos. Ele é Deus, Osmar.

– O pior é que você tem razão. Temos que parar de humanizar Deus.

– Não somente Deus, mas os espíritos também. Nós não somos humanos. Somos espíritos...

– Verdade, Jonas. Precisamos ser mais inteligentes e não devemos nunca comparar Deus aos sentimentos que carregamos. Ele é a perfeição e, sendo perfeito, jamais castigaria um filho Seu.

– Então, o que Ele faz, Osmar?

– Oferece novas oportunidades, não é?

– Agora você começou a conhecer Deus.

– Agradeço muito a todos vocês por estar conhecendo Deus através das psicografias, que acho, sinceramente, ser uma forma de me conectar a Deus com sabedoria.

– Deixe-me ensinar outra coisa para você.

– Diga, meu amigo.

– Logo após seu desencarne, você vai perceber que pouca coisa mudou em você. Estará com os mesmos sentimentos e as mesmas dores. Fique certo disso.

“Mas o mais importante a lhe ensinar é que o que tem em essência será potencializado. Ou seja, se seu interior é bom, a bondade se potencializará, mas, se seu coração é ruim, essa também será potencializada. É a maldade ou a bondade que carrega em si que definirá o lugar em que você acordará após esta vida.”

– Jesus... Agora compreendo os tempos atuais.

– Que bom que você entendeu e que podemos levar esse ensinamento a todos os lugares!

– Eu é que sou muitíssimo grato a você, Jonas.

– Osmar, preste atenção.

– Diga...

– O planeta Terra sofre atualmente uma invasão de espíritos que estavam nas regiões de sofrimento. Estão vindo espíritos de toda estirpe, mas a maioria deles são espíritos maus.

“A tendência é que as coisas piorem bastante. Mas isso não deve ser motivo de preocupação para aqueles que estão na obra do bem, pois estamos ao lado de vocês para protegê-los e cuidar para que a obra do bem se sobreponha a toda maldade que se instala neste momento.

“Serão aproximadamente sete bilhões de infelizes que encarnarão.

“Vocês terão mais guerras, mais violência e mais ditadores, pois as ideologias são ferramentas mentais dos poderosos magos, que estão em grande número entre vocês.

"Lembre-se de que todos são filhos de Deus e merecem uma última oportunidade."

– Os magos estão entre nós?

– Quase todos já encarnaram.

– Jesus, ajude-nos.

– Ele está no comando.

"Além das guerras e das ditaduras, novas armas e novas drogas dominarão os jovens. A pior das drogas serão as telas dos pequenos aparelhos que já são indispensáveis à vida atual.

"*Softwares* e robôs substituirão muitos postos de trabalho, causando um desemprego em massa, o que levará à formação de milícias urbanas, além do declínio moral das sociedades. Esse é o grande calabouço onde milhões de almas se perderão. Substâncias psicoativas produzidas em laboratórios causarão muita tristeza em todo o mundo. Muitos jovens se tornarão verdadeiros zumbis.

"As doenças se acentuarão, mas a ciência andará de braços dados com a descoberta das vacinas, que salvarão muitas vidas."

– Jonas, me dê uma notícia boa, por favor...

– Estamos adentrando a regeneração, meu nobre escritor. Há muitas coisas ruins para acontecer, e podemos vê-las no horizonte. Mas o bem sempre se sobrepõe ao mal e, mais uma vez, ele sairá vencedor. Confie na Espiritualidade Superior que governa seu planeta.

– Ainda bem que temos nosso amado irmão Jesus como governador espiritual do nosso planeta!

– Tenha calma. Não é meu intuito causar desespero. Estamos aqui para auxiliar a humanidade a vencer o mundo. Essa é a nobre missão dos espíritos. Essas informações devem servir como um sinal de alerta, e não causar pânico. Juntem-se em defesa do bem e do amor ao próximo, e tudo passará sem que vocês percebam. Estamos agindo. Confie em nós.

– Eu confio. Sempre confiei.

– Então, fique sereno...

– E as igrejas e as religiões? O que será de nós?

– As igrejas e as religiões já estão no calabouço ideológico que transforma a bondade em ganhos financeiros. Religião é ferramenta ideológica com fins lucrativos.

– Tenho observado isso. E essa frase resume perfeitamente o que estamos assistindo no mundo.

– Sempre foi assim. Nenhuma religião foi criada por espíritos superiores. Elas sempre foram criadas pelo homem e, onde há a mão do homem, há a imperfeição. Se você não quiser divulgar essas palavras, eu compreenderei...

– Meu amigo, eu sou um escritor, e o que escrevo não me pertence.

– Continue assim.

– Pode ficar sossegado. Eu não mudo uma vírgula do que vocês me revelam. Não tenho esse direito. Quem quiser ler, que leia. Quem não acreditar, não me importo, pois sou somente um escritor a serviço da Espiritualidade que me envolve.

– E nós agradecemos por você pensar e agir dessa forma. Sem homens corajosos como você, o mundo estaria muito pior. Creia.

– Eu creio.

– Osmar, espero ter contribuído para que todos fiquem cientes de que precisam agir no bem para que o bem se faça presente nos lares, nas famílias e nos encontros daqueles que pensam em todos, e não somente em seus umbigos.

– Eu é que agradeço mais uma vez a você, Jonas, por me permitir ser o portador destas linhas.

– Continue com o seu trabalho. Ele é muito importante para nós.

– Obrigado, Jonas.

– Agora deixo minha mensagem final.

– Sou seu lápis...

– Tudo o que revelei anteriormente reflete a condição atual dos espíritos que estão encarnados e dos que estão na fila da encarnação. O amor de Deus pelos Seus filhos permite oportunizar todos os espíritos igualmente. Ele não seria Deus se algum de Seus amados filhos não tivesse uma oportunidade. Mas Ele é a perfeição e, sendo perfeito, faz com que tudo e todos sigam a linda estrada da evolução.

“O desejo maior de todos nós é que este tempo de trevas passe rapidamente.

"É muito importante que todos vocês saibam que é na reencarnação que recebem as oportunidades e que, se a vida cessasse somente com uma encarnação, nada disso que revelei seria verdade. Acontece que estar ou não encarnado não diferencia os espíritos, pois todos têm nas oportunidades a ferramenta que molda o espírito à perfeição.

"Se você não acredita na vida contínua, não se intitule espírita, pois o verdadeiro espírita se modifica através dos ensinos dos espíritos, daquilo que trazemos a seu conhecimento através das psicografias e dos encontros presenciais.

"Aproveite essas informações e faça um investimento no depois, pois o depois não é uma utopia. O depois é a realidade de todos os espíritos.

"Encontro vocês na próxima vida...

"Obrigado."

– Gratidão, Jonas.

– Escreva, Osmar. Escreva...

Após um abraço, Jonas me deixou naquela tarde.

Meu coração estava apertado, mas feliz por ser escolhido mais uma vez por Jonas para trazer palavras edificantes.

Devemos olhar o mundo com muita atenção e proteger nossas crianças, por serem elas o futuro não só da nossa religião, mas também do nosso planeta.

“

A vida não se resume a esta vida.

”

Nina Brestonini

Gilberto

Logo que o Jonas foi embora, comecei a arrumar minhas coisas para ir para casa descansar. Afinal, eu estava o dia inteiro psicografando. O ato de psicografar é muito cansativo, principalmente por estar desdobrado, o que cansa muito.

As minhas pernas já estavam doendo por ficar tanto tempo sentado, escrevendo.

Foi quando percebi que outro espírito se aproximava de mim e, para a minha alegria, era o Dr. Gilberto.

Gilberto é o diretor do Posto de Socorro e Atendimento Amor e Caridade, que fica nas regiões de sofrimento do Umbral.

Ao perceber sua presença, logo imaginei que ele também participaria deste livro, o que me deixou muito feliz.

Eu me preparei para recebê-lo. Então, ele se aproximou de mim com um sorriso inesquecível.

– Olá, Osmar!

– Dr. Gilberto, que prazer tê-lo aqui!

– Vim dar minha contribuição ao seu livro.

– Que honra a minha poder escrever com você!

– Eu é que agradeço a oportunidade. A Nina me convidou e, confesso, me sinto lisonjeado em poder estar ao seu lado mais uma vez.

– Assim eu é que vou ficar cheio de orgulho, meu amigo!

– Podemos escrever?

– Sim, claro. Deixe só eu me preparar. Um minuto, por gentileza...

– Fique à vontade.

Após alguns minutos, eu já estava preparado para mais um capítulo.

– Estou pronto, Gilberto.

– Por gentileza, explique primeiro o que é um posto de socorro no Umbral, Osmar.

– Pode deixar comigo!

Os postos de socorro são unidades de atendimento espalhadas por todo o Umbral. É onde espíritos que desejam ajuda chegam a todo momento.

Nos postos de socorro situados no Umbral trabalham médicos, enfermeiros e atendentes que, durante algum período de suas encarnações, experimentaram isso sobre a Terra. Assim, esses espíritos se utilizam dos conhecimentos e das experiências adquiridas nas encarnações para auxiliar os espíritos que sofrem nessas regiões.

Nada se perde e tudo se completa na vida espiritual, e lá encontramos muitos espíritos devotados ao amor.

O movimento é grande no posto de atendimento que Gilberto dirige.

Como disse, Gilberto é diretor de um dos principais centros de atendimento. Ele coordena o trabalho em todas as enfermarias que existem lá.

Os pacientes mais graves normalmente são tratados por ele. Gil, como é chamado carinhosamente por todos que trabalham no posto de socorro, é muito querido e comprometido com o trabalho de assistência aos mais necessitados.

Todas as vezes que visitei esse posto de socorro, sempre encontrei muitos espíritos amigos cuidando daqueles que sofrem e precisam de ajuda.

Até no Umbral somos assistidos por benfeitores. Não se esqueça disso.

– Acho que passei todas as informações, Gilberto. Podemos dar continuidade. O que você deseja que eu escreva?

– Quero falar um pouco sobre nosso trabalho no Umbral. Embora, no atual momento, as regiões umbralinas estejam sendo esvaziadas, há algumas informações importantes que todos precisam saber.

– O que está acontecendo no Umbral, Gilberto?

– Como relatado por Jonas e demais espíritos, nossos umbrais estão sendo esvaziados. Mas isso não quer dizer que o trabalho que fazemos diminuiu. Pelo contrário, nosso socorro aos mais sofridos tem só aumentado.

– Mas por que aumenta, se os espíritos estão encarnando em maior número?

– Acontece que as impressões que esses irmãos carregam, por passarem séculos no Umbral, acabam atraindo-os de volta. Assim, nosso trabalho de socorro está intensificado.

– Desculpe-me, Gilberto, mas você pode nos explicar isso melhor?

– Claro que sim. Você se lembra das informações que o Lucas lhe passou sobre um pouco de nós ficar nos lugares que costumamos frequentar ou viver?

– Sim, ele nos ensinou que, onde vivemos, sempre fica um pouco de nós, da nossa essência, da nossa energia.

– Pois é sobre isso que estou falando. Imagine você viver dois mil anos em uma cidade… O que acontece?

– Acredito que essa cidade tem muito de mim.

– É isso mesmo. Dependendo do tanto de tempo que você vive ou costuma frequentar ali, esse lugar absorve um pouco de você. Assim, após longos períodos no Umbral, o espírito acaba sendo atraído para ele pelas ligações energéticas e fluídicas estabelecidas pelo passar dos longos períodos em harmonia.

– E como se livrar disso?

– É isso que estamos fazendo atualmente nos postos de socorro.

– Mudou alguma coisa no trabalho de vocês?

– Muita coisa está mudando.

– Você pode nos explicar?

– É para isso que vim.

– Então, você pode nos revelar.

– Vou, sim. Preste muita atenção.

– Deixe comigo.

– Os espíritos se ligam por meio de atração, simbiose, simpatia, sentimentos diversos, afinidade, dívidas pretéritas, amor e outras formas ainda desconhecidas por vocês.

"Acontece que essa atração gera uma união espiritual satisfatória, o que faz com que o espírito, ao se separar dela, sinta uma certa deficiência existencial. Isso faz com que o espírito busque novamente o contato com o ambiente em que ele se sente pleno.

"É o que vocês chamam de memórias morfogenéticas."

– Eu já ouvi falar sobre isso, Gilberto. Mas como agem essas memórias no desencarnado?

– Ao retornar à pátria espiritual, os merecedores de resgate imediato são levados para as câmaras de refazimento perispiritual nas diversas colônias espirituais instaladas sobre o orbe terreno.

"Infelizmente, a maioria dos espíritos que desencarna na Terra não recebe esse benefício e acorda nas regiões de sofrimento do Umbral.

"A memória morfogenética é, na verdade, a lembrança de todo o seu passado espiritual. É seu arquivo pessoal. Por estar em situação de letargia espiritual, o espírito não consegue se reconhecer como espírito. Isso é o que estamos vivendo atualmente no Umbral.

"Estamos adaptando nossas estruturas para atender mais e mais infelizes que lotam as salas de atendimento dos postos de socorro atualmente."

– Mas por que isso está acontecendo, Gilberto?

– Como informado anteriormente, a encarnação atual da maioria dos espíritos é a última oportunidade que bilhões de espíritos estão tendo para reparar seus erros e purgar definitivamente todo mal praticado em encarnações anteriores.

"Acontece que esses espíritos, por terem vivido muito tempo nos umbrais, levam consigo as impressões desses ambientes e, por incrível que pareça, exteriorizam-nas até mesmo estando entre vocês."

– Como assim, Gilberto?

– As tatuagens, por exemplo, são marcas daqueles que viveram muito tempo no Umbral mais denso. É onde o perispírito sofre degradações, ficando manchado, como as tatuagens que vocês usam atualmente encarnados.

"Mas não se deve, de forma alguma, generalizar todos que usam tatuagens no corpo todo.

"Há o modismo..."

– Sim, compreendo. Quer dizer que podemos exteriorizar na encarnação hábitos do lugar em que vivemos por muito tempo? É isso?

– Exatamente. Posso perguntar uma coisa para você?

– Sim, claro.

– A sua forma atual de se alimentar e de se vestir e os hábitos da sua família e da sua cidade são iguais em todos os lugares do seu planeta?

– Não, claro que não. Cada região e país tem seus hábitos próprios.

– Isso explica o Umbral?

– Sim, entendi perfeitamente o que você quer nos ensinar. Mas por que essas memórias se exteriorizam, estando o espírito agora encarnado?

– Porque você não é matéria. Você é espírito e, sendo espírito, carrega em si todas as lembranças do seu passado existencial. Acontece que, estando em um novo corpo, em um cérebro ainda limitado, as lembranças estão adormecidas, mas as sensações e as impressões não estão. Por esse motivo, sem que perceba, você é atraído para seu passado.

– Isso explica as pessoas jovens com modos de pessoas velhas?

– Também.

– Acredito que sim, por haver pessoas que têm hábitos muito estranhos e inexplicáveis pela criação que receberam.

– São essas as memórias que exteriorizam, independente do lugar onde o espírito esteja.

– Caramba, como aprendo com vocês! Obrigado, Gilberto.

– Acontece, Osmar, que, ao desencarnar atualmente, a maioria dos espíritos que viveram muito tempo nos umbrais é atraída para eles automaticamente. Isso acontece porque os propósitos encarnatórios não foram atingidos.

– Você pode falar um pouco sobre isso?

– Sim. Atualmente, como informado, os umbrais estão sendo esvaziados. Quase todos os espíritos que vivem nessas regiões estão encarnando para, através dessa última oportunidade, se melhorarem e deixarem definitivamente esses lugares.

“Acontece que a maioria está falhando naquilo que se propôs a fazer e, ao desencarnar, é atraída para o lugar que melhor se assemelha à sua energia.

“É a lei da atração, como já lhe foi ensinado por outros irmãos.”

– Sim, somos atraídos para o lugar que condiz com nossos pensamentos, atitudes e vontades, além, é claro, de nosso estado espiritual.

– Isso. Assim, muitos estão voltando automaticamente para o lugar ao qual não deveriam mais voltar.

– E o que vocês estão fazendo?

– Estamos cuidando de todos eles, refazendo seus corpos espirituais e encaminhando-os para outro orbe, onde poderão recomeçar seus processos evolutivos.

– Misericórdia divina?

– Ele sempre foi misericordioso e amoroso.

– Imagino que vocês estejam tendo muito trabalho.

– Sim. Estamos com uma demanda fora da realidade em que vivemos.

– Por quê?

– Devido às guerras, aos altos índices de violência e a toda maldade que você pode ver. Isso sobrecarrega vários setores dos postos de socorro dos umbrais, pois nem todos recebem o mesmo remédio.

– Entendo, Gilberto. Só não entendo por que estamos vivendo este momento tão sangrento.

– Osmar, os espíritos que estão entre vocês atualmente são oriundos dos umbrais. São infelizes irmãos que viveram décadas na maldade e na avareza. É bom lembrar que não há punição para nenhum espírito. O que há são oportunidades infinitas para todos.

– Sei disso, mas é complicado, meu amigo.

– Compreenda que a vida é única. O que muda são as oportunidades, as encarnações, que são infinitas até que se atinja o objetivo maior.

– Que objetivo é esse, Gilberto? Que objetivo justifica a violência?

– A pureza espiritual.

– Acho o preço muito caro. Perdoe-me.

– Se você continuar achando que a vida termina com uma vida, a violência realmente assusta. Porém, se acreditar que as oportunidades evolutivas são infinitas, você até pode ficar triste com a forma, mas nunca ficará triste com a misericórdia.

– Perdoe-me, meu nobre instrutor.

– Não peça perdão. Continue a questionar. Assim, todos podem aprender.

– Sei... Entendo perfeitamente o que você nos ensina.

– Eu gostaria de lhe mostrar uma coisa. Você está disponível para me seguir?

– Sempre...

– Então, se desdobre e me siga.

Naquele momento, eu me desdobrei, saí do meu escritório e segui Gilberto até o Umbral.

"
Tudo o que seus olhos veem está limitado a seu conhecimento atual.
"

Osmar Barbosa

Elina

Chegamos ao Posto de Socorro Amor e Caridade, como informava a enorme placa na entrada do prédio.

Os postos de socorro no Umbral são muito semelhantes às UPAS que temos no plano físico. A estrutura operacional é muito parecida.

Pude ver que havia, em frente ao prédio, uma fila onde diversos espíritos aguardavam atendimento.

Gilberto caminhava ao meu lado sem nada dizer. Foi quando a curiosidade não me deixou ficar calado e perguntei:

– Gilberto, que fila é essa?

– São irmãos que esperam pelo atendimento.

– Mas até aqui há filas?

– Como lhe disse, o grande número de espíritos encarnados provoca, automaticamente, mais mortes. E, tendo mais mortes no plano físico, os umbrais ficam sobrecarregados.

– Quer dizer que, quanto mais espíritos encarnados, maior será o trabalho de vocês aqui no Umbral?

– Os atendimentos aqui são proporcionais ao número de desencarnes terrenos: quanto mais desencarnes, mais trabalho.

– Mas os espíritos não deveriam ir para as cidades espirituais para serem atendidos?

– Há pouco, falei para você sobre a sintonia que alguns espíritos ainda têm com o local onde mais viveram. Para um espírito poder se desligar totalmente das impressões anteriores, é necessário um desejo de mudança que poucos conseguem.

– Conforme você me explicou, criamos laços fluídicos, energéticos, sentimentais e espirituais com o lugar em que passamos muito tempo. É isso?

– Exatamente. Se você não se livrar desses laços, ao desencarnar, será automaticamente atraído para o lugar em sintonia.

– Nossa, confesso, eu nunca havia pensado nisso…

– Somos energias, Osmar. E são as energias que nos definem. Se você se transforma, se melhora, todo seu campo espiritual se modifica. Caso contrário, você estaciona até que o desejo e a disciplina o impulsionem à modificação, que lhe possibilitará ascender a planos superiores.

“É bom que todos saibam que toda a Criação é cíclica. Vocês precisam entender que a vida é feita de ciclos que se iniciam e que, uma hora, se encerram.

"Sendo assim, precisam da evolução espiritual para poderem aportar em novas possibilidades. Somente se compreendendo como os espíritos eternos que são, vocês conseguirão se desprender dos sentimentos de posse que os encarcera nas encarnações repetidas.

"O apego às coisas materiais, aos ambientes que lhe possibilitaram experimentar, às pessoas, às regiões, à linguagem, aos países, aos planetas, enfim, tudo aquilo que você valoriza mais que a evolução e o desprendimento o encarcera, não permitindo que ascenda a planos superiores.

"Você pode achar que amar é viver eternamente ao lado de quem o faz feliz, mas, meu amigo, amar é se permitir, se libertar. Amar é permitir que o outro seja livre e que seja pleno onde quer que seja.

"O amor liberta.

"O amor felicita.

"O amor não maltrata e não se ensoberbece.

"O amor é paciente e bondoso. Não inveja. Não vangloria...

"Então, posso lhe afirmar que muitos irmãos, infelizmente, continuam muito distantes do princípio básico para a evolução: o amor."

– Lembrei-me das palavras do apóstolo Paulo sobre o amor e compreendi perfeitamente seu ensinamento, Gilberto. Realmente achamos que, para poder evoluir, basta amar, mas amar é muito mais do que achamos ser o amor.

– O que disse o apóstolo Paulo?

– Quer que eu lhe diga?

– Sim, por favor...

– Vamos lá...

"Ele escreveu uma carta aos Coríntios, a qual diz assim: 'Ainda que eu fale as línguas dos homens e dos anjos, se não tiver amor, serei como o sino que ressoa ou como o prato que retine.

"Ainda que eu tenha o dom de profecia e saiba todos os mistérios e todo o conhecimento, e tenha uma fé capaz de mover montanhas, mas não tiver amor, nada serei.

"Ainda que eu dê aos pobres tudo o que possuo e entregue o meu corpo para ser queimado, mas não tiver amor, nada disso me valerá.

"O amor é paciente, o amor é bondoso. Não inveja, não se vangloria, não se orgulha.

"Não maltrata, não procura seus interesses, não se ira facilmente, não guarda rancor.

"O amor não se alegra com a injustiça, mas se alegra com a verdade.

"Tudo sofre, tudo crê, tudo espera, tudo suporta.

"O amor nunca perece; mas as profecias desaparecerão, as línguas cessarão, o conhecimento passará.

"Pois em parte conhecemos e em parte profetizamos; quando, porém, vier o que é perfeito, o que é imperfeito desaparecerá.

"Quando eu era menino, falava como menino, pensava como menino e raciocinava como menino. Quando me tornei homem, deixei para trás as coisas de menino.

"Agora, pois, vemos apenas um reflexo obscuro, como em espelho; mas, então, veremos face a face. Agora conheço em parte; então, conhecerei plenamente, da mesma forma como sou plenamente conhecido.

"Assim, permanecem agora estes três: a fé, a esperança e o amor. O maior deles, porém, é o amor.'"

– Lindo texto!

– Você gostou?

– Sim.

– Nunca ouviu falar desse texto?

– Uma vez, minha mãe o mostrou para mim, quando eu estava encarnado.

– Paulo foi um dos apóstolos de Jesus – disse.

– Não o conheço, mas já o admiro.

– Eu também.

– O dia em que você abrir a boca para dizer que ama isso ou aquela pessoa, saiba e aprenda que o amor não é o que muitos acham. O amor liberta e faz querer você ver o amado feliz. A felicidade do outro é a mais linda demonstração de amor.

– Concordo plenamente com você, Gilberto.

– Venha, vamos entrar. Eu quero apresentar alguém para você. – Entramos no lotado posto de socorro e, então, Gilberto acrescentou: – Venha, Osmar. Vamos à enfermaria cinco.

Sem nada dizer, continuei seguindo o Gilberto.

Nesse posto de socorro há um corredor com diversas salas. Caminhamos até chegar à porta de número cinco.

Entramos sem nada dizer.

Havia uma jovem deitada na cama hospitalar e, ao seu lado, eu puder ver dois espíritos, um rapaz e uma menina, aparentando uns 20 anos. Eles estavam impondo suas mãos sobre a fronte da jovem deitada.

De suas mãos saíam fluidos de cor verde que iluminavam todo o corpo da menina.

Negra, bonita e aparentando 15 anos, a menina estava desacordada e recebia aquela carga fluídica em todo o seu frágil corpo. Reparei que ela era muito magra.

Gilberto olhou para mim sem nada dizer. Ele se posicionou ao lado da jovem que exercia ali sua caridade.

Após alguns minutos, a menina começou a acordar.

Gilberto olhou novamente para mim, como se pedisse para que eu permanecesse calado.

Entendi que eu estava ali somente para relatar o que via.

Finalmente, a jovem acordou e olhou fixamente para Gilberto e os outros dois espíritos que a assistiam.

– Não acredito que voltei para cá – disse a jovem.

– Elina, você não conseguiu – disse a mentora que cuidava da jovem.

– Mas eu não sei por que não consegui.

– Não se preocupe com isso neste momento. Agora você precisa se recuperar – disse o rapaz.

– Por que falhei, meu Deus? Por quê?

Elina começou a chorar e colocou as duas mãos sobre o rosto, como se estivesse envergonhada.

Ela se virou na maca e continuou chorando compulsivamente.

– Não fique assim... – disse a jovem mentora.

Nada a fazia parar de chorar. Após alguns minutos, Gilberto estendeu suas mãos sobre a fronte da jovem e ela se acalmou.

– Obrigada, Gilberto – disse a jovem que assistia Elina.

Elina olhou para Gilberto com uma expressão carinhosa.

– Dr. Gilberto, você tanto fez por mim, e olhe eu aqui de volta. Falhei, meu amigo, naquilo que combinei fazer. Fracassei...

Gilberto olhou para os espíritos que o auxiliavam e disse:

– Elina, todos sabíamos que o desafio que lhe foi proposto dependeria muito de seu desprendimento do passado. Foram muitos anos de vivência aqui no posto de socorro, mas você recebeu a oportunidade de reparo destinada a todos os espíritos arrependidos e necessitados. Não deve sofrer, mas sim insistir nas transformações que lhe possibilitarão ascender.

– Eu não deveria ter ido, Gilberto.

– Foi uma decisão difícil, como disse, mas acertada. Afinal, não há mais possibilidades de reparo.

– E agora, o que vai acontecer comigo?

– Você poderá retomar o trabalho.

– Mas desperdicei minha última chance de sair definitivamente do Umbral e viver com os meus.

– Os seus nunca foram seus. O que a prende aos seus familiares e amores terrenos é, na verdade, o egoísmo. Livrando-se dele, você estará livre para seguir seu projeto pessoal em outra dimensão.

– Quando você diz que é o meu egoísmo que me prende ao meu passado, eu começo a pensar em como desejo um dia ser igual a você, Gilberto. Como conquistarei tamanho conhecimento e sabedoria?

– Você tem razão, meu querido Gilberto. Elina trabalhou durante muitos anos aqui em nosso posto de socorro e sempre desejou reencarnar ao lado dos seus para reparar os erros cometidos no passado. Agora retorna ao lugar onde tudo começou, sem haver uma nova possibilidade de reencontro.

– É isso, Isabel, que está destinado à nossa querida Elina. Eu nada posso fazer.

Naquele momento, Elina começou a chorar novamente.

– Não chore – disse o rapaz, consolando Elina.

– Venha, Osmar. Vamos sair.

Morrendo de pena da Elina, deixei a enfermaria em que ela estava sendo atendida.

Caminhamos para fora do posto de socorro e nos sentamos em um banco distante, em uma praça em ruínas que existia naquele lugar.

– Gilberto?

– Sim.

– Você pode nos explicar o que houve com Elina?

– Sim. Elina é uma enfermeira aqui do posto de socorro e trabalha conosco há muito tempo.

"Acontece que ela sentia a necessidade de reencarnar ao lado daqueles que muito magoou para extirpar de dentro de seu coração os sentimentos de culpa que a aprisionam no Umbral.

"Como estamos diante da regeneração, como informado pelos meus amigos nos textos anteriores, há uma determinação superior de que todos os espíritos que sentem vontade ou necessitam da encarnação para ajustes podem reencarnar.

"Assim, Elina foi à encarnação. Acontece que ela é uma suicida. Foi o suicídio que a trouxe para cá.

"Ao reencarnar, Elina, levada por sentimentos, ou melhor, por ligações fluídicas, energéticas e espirituais, voltou a cometer os mesmos erros. Lembre-se de que, se uma ideia, um pensamento ou um desejo o afligir, ele pode moldar em você algo muito ruim.

"É você quem administra seus sentimentos. Por muitas vezes, nós aconselhamos ou intuímos, mas a decisão final será sempre do espírito.

"Assim, Elina cometeu novamente o suicídio."

– Meu Deus...

– Lembra que lhe falei sobre lembranças morfogenéticas?

– Sim.

– Elas são difíceis de serem transformadas... O espírito que carrega a impressão do suicídio precisa de muita vontade e coragem para mudar tudo dentro de si.

– Vocês não têm tratamento para isso aqui?

– No Umbral, não. Somente nas colônias espirituais.

– Que pena...

– O Umbral é tenebroso, ruim e triste. É o local onde os pensamentos estão em sintonia, estão em conformidade. Por isso, pouco se pode fazer para auxiliar os suicidas a mudarem suas vibrações energéticas.

– E agora, o que acontecerá com ela?

– Será exilada.

– E você nada pode fazer?

– Osmar, o exílio não é uma punição. Não pense assim, por favor... O exílio é uma nova oportunidade.

– Desculpe meus sentimentos humanos.

– Aprenda: não há castigo em parte alguma da Criação. Se Ele nos punisse, não seria perfeito, e Ele o é.

– Desculpe-me mais uma vez.

– Agora, Elina poderá recomeçar após ser tratada em uma colônia para dissipar todo resíduo mental, físico ou energético dos suicídios cometidos. Agora, sim, você entenderá o amor d'Ele por toda a Criação.

"Ela será levada para a Colônia Espiritual Amor e Caridade e, após o tratamento específico, será encaminhada para outro planeta, onde recomeçará sua evolução espiritual. Espero sinceramente que Elina consiga tornar-se um espírito de luz. Ela merece..."

– Como sou grato por ser o portador desses ensinamentos, Gilberto!

– Nós é que agradecemos as oportunidades que você nos proporciona.

Permanecemos por mais alguns minutos sentados naquela praça, sem nada dizer.

O movimento de chegada e saída de espíritos era grande, mas ele nada dizia. Quem sou eu para dizer algo?

Após alguns minutos, o silêncio foi quebrado.

– Está vendo o movimento, Osmar?

– Sim, um entra e sai que fica até difícil de entender.

– Os que entram e saem são maioria. São irmãos desesperados querendo a salvação, como se ela estivesse em uma prateleira para ser adquirida. Quando são questionados ou convidados às transformações necessárias, desistem e voltam a vagar pelo Umbral.

– Não há nada que possa ser feito, Gilberto?

– Ele já o fez: estamos aqui, trabalhando para auxiliar a todos, sem distinção.

– Mas sempre queremos as coisas fáceis, não é, meu amigo?

– Toda conquista somente se torna uma verdadeira conquista quando são cumpridas todas as etapas.

– É uma tarefa, não é, Gilberto?

– Exatamente. Você tem que querer muito e querer muito conquistar...

– Espero, um dia, ser útil como vocês o são aqui.

– Não queira vir para cá. Há muitas limitações naquilo que podemos oferecer a quem sofre no Umbral.

– Sério que há limitações aqui?

– Osmar, os espíritos estão no Umbral por estarem em sintonia com este lugar. Os umbrais são criados pelas mentes que neles vivem. Como mudar isso?

"Acha mesmo que, com a evangelização, com versículos e palavras bonitas, você mudará o coração de quem nunca soube o que é o bem?"

– Acho que não, Gilberto.

– Imagine que você é um espírito que está aqui há milênios. Livre, dono do seu destino, sem dar satisfação a nada nem a ninguém. Você faz o que quer na hora que quer, sem compromisso com nada, e nunca foi punido. Acha mesmo que é fácil mudar essa mente?

– Impossível, eu acho.

– Não existe nada impossível para Deus.

– Perdoe-me, Gilberto.

– Não peça perdão. Escreva, evangelize e acolha. Sempre que possível, ame. Ampare, aconselhe e auxilie. Assim, você agrada a Deus e, quem sabe, consegue salvar uma alma...

– É o que viso fazer todos os dias de minha vida, Gilberto.

– Viu?

– Vi o quê?

– Viu como se consegue mudar alguém?

– Com amor, né?

– Exatamente. Resumo tudo o que disse agora há pouco com a palavra "amor"... Somente o amor pode mudar todas as coisas, tendo sido pelo amor que estamos aqui no Umbral.

– Espero estar sendo útil.

– Escreva, Osmar. Escreva...

– Obrigado, Gilberto.

– Agora temos que ir. Tenho muito trabalho a fazer.

– Quero lhe agradecer mais uma vez por tudo.

– Eu é que agradeço. Até outro dia!

– Até...

Nós nos despedimos e eu fiquei sentado ali por mais alguns minutos, refletindo sobre todos os ensinamentos que o Gilberto acabara de me passar.

Como é bom ser médium! Como sou grato a Deus e aos meus mentores por me permitirem ser útil à Espiritualidade e a todos que acompanham meu trabalho! Espero, um dia, ser acolhido em algum lugar onde eu possa continuar a ser um espírito útil.

“

Somos eternos viajantes no aprendizado espiritual.

”

Osmar Barbosa

Rodrigo

Naquela madrugada, fui acordado pelo meu mentor principal, o cigano Rodrigo.

Eram 3h quando senti a presença de um espírito muito próximo a mim em meu quarto.

Abri os olhos e me deparei com aquela linda figura, que estava de pé, velando pelo meu sono. A primeira reação é sempre a de susto, mas logo me acalmei e agradeci mentalmente pela honra de tê-lo ao meu lado naquele momento.

Ele olhou carinhosamente para mim e disse:

– Bom dia!

– Bom dia – disse, enquanto me sentava na cama.

– Preciso que escreva algo para mim. Você pode ir agora?

Eu sempre questionei aos espíritos o motivo pelo qual preferem as madrugadas para as psicografias, e a resposta é sempre a mesma.

– Rodrigo, me perdoe, mas ainda são 3h. Por que vocês nos procuram sempre neste horário?

– Preferimos a madrugada porque é quando o plano em que vocês vivem está menos denso, o que nos possibilita uma comunicação mais perfeita – respondeu ele.

– Você poderia explicar melhor? Como assim, menos denso?

– A maioria das mentes está desligada, Osmar. Os espíritos estão pelos universos cuidando de outras coisas, tornando o plano físico menos carregado de pensamentos e energias ruins.

– Entendi. Quer dizer que, quando dormimos, nosso espírito se desprende do corpo físico? É isso?

– Exatamente. Quando o corpo faz seu descanso necessário, o espírito aproveita esse momento para cuidar de outras coisas.

– Mas por que não nos lembramos disso?

– Se lembrassem, qual seria o sentido da encarnação?

– Como assim?

– Você tem certeza da continuidade da vida após a encarnação?

– Tenho.

– Todos os encarnados têm?

– Não, a maioria não acredita nisso.

– Se acreditassem e tivessem certeza, imagine qual seria o número de suicídios...

– É verdade. A Nina já falou sobre isso.

– A dúvida é protetiva, Osmar. O mistério da continuidade é, na verdade, o que os mantém encarnados.

– Na verdade, Rodrigo, eu acho uma pena as pessoas perderem tempo, desperdiçando a evolução.

– Que bom que você pensa assim!

– Aprendi com você.

– Fico feliz.

– Vou me levantar e me preparar para escrevermos, pode ser?

– Eu o espero no local apropriado.

– Não vou demorar.

Eu me levantei e, após um rápido desjejum, me dirigi ao escritório, local onde normalmente faço as psicografias.

O dia nem havia começado, mas eu já estava entregue à nobre missão dos livros.

Cheguei, me sentei, preparei os papéis e fiquei à espera do Rodrigo. Ele logo chegou, e começamos este capítulo.

– Rodrigo, antes de começar, eu gostaria de lhe agradecer por estar sempre ao meu lado, me ajudando nesta encarnação.

– Eu é que sou muito grato pela oportunidade, Osmar.

– Sei que você não gosta de falar sobre nós, mas essa curiosidade estará sempre comigo.

– Qual curiosidade?

– O porquê de você ser meu mentor espiritual. Por que você está ao meu lado nesta encarnação?

– Quero que venha comigo. Quero mostrar uma coisa para você, pode ser?

– Desdobrado?

– Sim. Desdobre-se e me siga.

– Vamos...

Como vocês sabem, meus leitores, todos os livros que escrevo, faço-os em desdobramento. Mas, se você chegou aqui pela primeira vez, vou explicar um pouco mais sobre esse tipo de fenômeno, pois é dessa forma que me conecto com os meus mentores e escrevo todas as obras, inclusive as já publicadas.

Na minha infância, eu tinha muita dificuldade para entender os fenômenos que aconteciam comigo com certa frequência. Eu via espíritos constantemente, conversava com eles, brincava com alguns e, por muitas vezes, fugia de outros, pois a aparência deles me assustava – eles eram horripilantes. Eu era apenas uma criança e não conseguia compreender muito bem por que aquilo acontecia comigo.

Com o passar do tempo, comecei a ouvir mais os meus amigos espirituais. Então, eles passaram a me orientar. Foi a partir daí que compreendi o fenômeno do desdobramento. Sinto-me um privilegiado, embora a mediunidade não seja um privilégio, e sim uma missão a ser cumprida.

Dia desses, eu perguntei ao Lucas se a mediunidade é uma doença. Ele me disse que a mediunidade não é uma doença, mas que, em alguns casos, pode adoecer. Aí perguntei em quais casos. Ele me respondeu que a mediunidade pode causar doenças quando mal exercida, não exercida ou desprezada.

Os espíritos me disseram que a "mediunidade é um dom divino, que divinamente devemos exercer". Por isso, aconselho sempre as pessoas a estudarem muito e a estabelecerem logo uma conexão espiritual de forma correta, para extraírem dela os benefícios do serviço no bem.

Tudo o que entregamos ao Universo nos é devolvido em igual porção.

Em termos espíritas, o desdobramento é uma faculdade anímica na qual o espírito encarnado desliga-se parcialmente do seu corpo físico e viaja até os planos espirituais. Esse processo pode ocorrer com ou sem transe. É uma capacidade intrínseca ao ser humano, que desenvolveu, ao longo da evolução da espécie, a possibilidade de desembaraçar-se do corpo material, dentro de certos limites, adquirindo alguma sensação de liberdade.

A faculdade de desdobramento é muito utilizada nas reuniões mediúnicas modernas. O sensitivo, através da concentração dos pensamentos, entra em uma espécie de transe que possibilita esse desprendimento parcial do espírito, colocando-se em condições de exercer tarefas de auxílio, geralmente orientado pelos espíritos instrutores.

Dessa forma, ele é colocado muitas vezes em contato com espíritos sofredores, que necessitam de uma palavra amiga e consoladora ou até mesmo de um tratamento através das suas energias, as quais possuem uma densidade adequada a esse tipo de atendimento devido à sua condição de encarnado. Além disso, o sensitivo também pode receber a missão de escrever livros e mensagens de amigos do plano maior.

Apesar de muitos se referirem ao desdobramento como mediunidade, ele é um fenômeno anímico. Para usar o linguajar de Allan Kardec, é um fenômeno de emancipação da alma. A mediunidade se constitui numa intermediação entre os espíritos desencarnados e o mundo material. Desdobrar-se, *grosso modo*, significa "sair do corpo". Esse simples fato não o torna médium, se ele não se constitui em transmissor de qualquer informação enviada do plano espiritual para o ambiente terreno.

Pode ser considerado uma espécie de mediunidade quando o sensitivo, durante o desprendimento, mantém contato com a Espiritualidade, recebendo de lá comunicações que devem ser enviadas aos encarnados – que é o meu caso. O desdobramento não ocorre apenas nas reuniões mediúnicas. É fenômeno corriqueiro e acontece com as pessoas, em geral, todas as vezes que dormimos.

Ele é o preâmbulo do sono. Quando o corpo adormece para o repouso necessário, o espírito, desligado parcialmente dele, vai a diversos lugares para realizar as atividades que estejam em afinidade com as suas motivações íntimas. Para que ele entre no estado de sono, antes, precisa desdobrar-se, ou seja, afastar-se vibratoriamente do corpo biológico.

A mediunidade, seja na modalidade de psicofonia, psicografia, audiência, vidência, desenho ou pintura, entre outras, também exige um desdobramento. O médium possui em seu organismo a facilidade de, ao entrar em estado de transe, desvencilhar-se do seu corpo em maior ou menor grau, de acordo com as características da sua faculdade mediúnica. Isso ocorre a fim de dar ao espírito comunicante a oportunidade de assenhorear-se, através de uma expansão dada ao seu perispírito, dos implementos perispirituais e, na sequência, cerebrais do médium.

O sonambulismo, a dupla vista, a letargia, a catalepsia e o êxtase são classificados por Allan Kardec como fenômenos de emancipação da alma e têm o desdobramento como precondição para acontecerem. Às vezes, como é o caso da dupla vista, esse deslocamento do espírito (sempre junto do perispírito) é imperceptível, mas suficiente para fazê-lo enxergar além da realidade física presente.

Há, ainda, outras situações em que o desdobramento ocorre: no coma, durante o uso de algumas drogas alucinógenas ou em certos estados psíquicos classificados como catatonia e em que há um alheamento do meio externo.

Deus, na Sua sabedoria e bondade, concedeu ao homem a capacidade de vez ou outra, retemperar-se no mundo espiritual através da faculdade do desdobramento. Assim, ele recobra parte das suas faculdades de espírito, como que descansando da rudeza da vida na matéria, além de absorver as energias mais sutis necessárias ao seu refazimento para a continuidade do aprendizado aqui na Terra.

Vivendo no ambiente terreno em meio às dificuldades e desafios diários, imerso na atmosfera densa da matéria, pode ele aliviar-se dessas lutas desacoplando-se temporariamente do organismo físico, retornando ao mundo espiritual e tendo contato com espíritos esclarecidos que o orientam, a fim de direcionar-se melhor no caminho do progresso.

Eu sou eternamente grato por ter essa condição e, através dela, conseguir repassar a vocês as informações que constam nas obras psicografadas. Confesso que me sinto como um lápis nas mãos dos espíritos, além de ser muito gratificante receber, diariamente, as mensagens que vocês me enviam por ser o mensageiro que instrui e esclarece a tantas pessoas o que de fato acontece conosco na vida após a vida.

Acredito, sinceramente, que tudo o que eu passo na vida tem objetivos evolutivos. O fato de ser médium não me exime de passar por situações, às vezes, revoltantes, mas são elas, as experiências de encarnado, que me possibilitam e oportunizam evoluir.

Vamos voltar ao livro...

Naquele momento, me desdobrei e segui meu amado mentor espiritual.

Chegamos a um deserto muito grande e quente. A curiosidade logo me fez questionar onde estávamos.

– Que lugar é este, Rodrigo?

– O deserto de Thar.

– Nunca ouvi falar deste lugar.

– Fica entre a Índia e o Paquistão.

À nossa frente, alguns animais estavam deitados descansando.

– O que é isso?

– Isso o quê?

– Esses animais.

– São camelos.

– Camelos? Aqui?

– Sim. Eles estão aqui há muito tempo. Suba em um. Vamos! Precisamos nos apressar.

Havia quatro camelos. Subimos em dois e começamos nossa viagem.

Confesso que fiquei muito surpreso por poder estar sobre aquele lindo animal ao lado do meu mentor espiritual, cavalgando – não sei se a palavra certa é essa – em direção aos montes arenosos daquele lindo lugar.

Ao olhar para mim mesmo e para o Rodrigo, percebi que estávamos com vestes diferentes. A minha roupa não era a que estava usando quando saí de casa em desdobramento. Eu estava vestido com roupas esquisitas, mas bem confortáveis, de cor bege.

Rodrigo estava vestido totalmente de branco.

O vento quente soprava em meu rosto como uma brisa que me alegrava o espírito.

Eu pensava que, lentamente, íamos sem direção...

Os outros dois animais nos seguiam, como que encantados com a nossa presença.

– Rodrigo?

– Sim.

– Perdoe-me perguntar, mas por que estou assim?

– Assim como?

– Vestido com esta roupa, sobre um camelo?

– Quero levá-lo em uma experiência diferente.

– Nossa, sou grato a você por me permitir este momento ao seu lado.

– Está gostando?

– Sério que você quer mesmo saber minha opinião?

– Ela é importante para mim.

– Estou simplesmente maravilhado com tudo o que você está me permitindo viver e sentir neste momento.

– Fico feliz!

– Para onde estamos indo?

– Para Jaisalmer.

– Esse lugar é uma cidade ou uma vila?

– É a cidade dourada. Fica no meio do deserto de Thar. É para lá que estamos indo.

– Você conhece bem esse lugar?

– Quero lhe mostrar uma coisa lá.

– Jaisalmer... O que significa esse nome, Rodrigo?

– Significa “o forte da colina de Jaisal”, conhecida como a cidade dourada.

– Por que tem esse nome?

– Porque o arenito usado para as construções tem a coloração amarela, que dá a tonalidade dourada para a cidade e tudo à sua volta. Você vai se impressionar com a beleza desse lugar.

– Já estou encantado!

– Que bom! Você vai ver que tudo aqui é muito bonito e vai fazer você se lembrar de coisas adormecidas em sua mente.

– Sabe, Rodrigo, eu sempre tive esta curiosidade: por que, às vezes, olhamos para pessoas, lugares ou coisas e parece que as conhecemos, mas, na verdade, nunca tivemos contato? Como isso pode acontecer?

– São lembranças pretéritas.

– Lembranças pretéritas? O que isso quer dizer?

– Ora, você já estudou muito sobre isso!

– Como você sabe que eu estudei?

– Nada é acaso. Quando precisamos ajudar aqueles que, de alguma forma, estão ligados a nós, fazemos pela intuição. Na verdade, todo esforço de conhecimento que você tem é orientado por nós.

– Quer dizer que vocês nos ajudam até nos estudos?

– Se não fosse assim, para que serviria a mentoria?

– É verdade.

– Explique para mim e para os seus leitores o que você aprendeu sobre lembranças pretéritas.

– Eu?

– Sim, explique...

– Bom, Rodrigo, muitas pessoas gostariam de remover a sombra do esquecimento que cobre o nosso passado e ter acesso às vidas pregressas e aos acontecimentos que nelas ocorreram para melhor compreender os acontecimentos da atual encarnação, como se a responsabilidade do sucesso desta vida, na atual existência física e espiritual, recaísse exclusivamente na compreensão dos acertos ou dos erros das últimas existências.

“Se observarmos os ensinamentos de *O Livro dos Espíritos*, o esquecimento do passado é uma necessidade para a evolução do espírito, pois, se ele viesse a se lembrar de determinados acontecimentos em um momento inoportuno, poderia comprometer sua atual existência.

“Segundo os espíritos superiores, quando retornamos à matéria para uma nova oportunidade, solicitamos do mundo maior o esquecimento das vidas passadas, visando superar as dificuldades que nos levaram a cometer imprudências, para não reincidirmos nos mesmos erros.

“Eu, particularmente, acredito que todos nós gostaríamos de ter o pleno acesso às lembranças do pretérito, mas esquecemos que precisamos ter cautela, já que a curiosidade na condição de vigília nos leva, em alguns casos, a cometer certos abusos e imprudências que podem tornar a encarnação um abismo evolutivo.

“Se Deus, na Sua infinita bondade e misericórdia, permitisse o livre acesso ao inconsciente, eu acho, sinceramente, que atrapalharia a encarnação de muitos espíritos, uma vez que nem todos amadurecem moralmente ao mesmo tempo, no mesmo ritmo, para lidar com equilíbrio e prudência.”

– Você sabia que, até mesmo nos mundos mais evoluídos, nem todos os espíritos têm permissão para acessar todas as suas lembranças de encarnações passadas?

– Não sabia disso, Rodrigo.

– É importante que vocês saibam que, quando atingimos um certo grau de evolução, somente buscamos as lembranças de nossas antigas encarnações por motivos terapêuticos, e não por curiosidades frívolas. Não visitamos o passado, exceto caso seja útil.

"Quando você desejar saber um pouco mais das suas antigas encarnações, Osmar, observe suas inclinações ou aptidões e já terá uma forte indicação do tipo de vida que teve."

– Nossa, que interessante!

– Nem todos os problemas que você precisa superar têm origem em vidas passadas. Algumas falhas ou dívidas morais foram contraídas nesta existência atual por abusos cometidos de forma imprudente e, até mesmo, pueril. Fique certo disso.

"Nós, benfeitores espirituais, temos que ser prudentes em certas revelações, que podem desencadear um processo de perturbação àqueles que assistimos, levando, em alguns casos, até mesmo a uma obsessão. Por isso, há a necessidade do esquecimento e da prudência nas revelações espirituais."

– Eu sempre digo isso. Nós, médiuns, temos que ser responsáveis com aquilo que falamos, escrevemos ou pregamos. Somos os intérpretes do plano maior. Uma vez, você me disse: "Osmar, quando não tiver nada bom a dizer, cale a boca"... Você se lembra disso?

– Não está na missão mediúnica para se exibir ou para prejudicar seus irmãos em evolução. Por isso, quando não tiver algo bom a dizer, cale-se...

– Eu lhe sou muito grato por todos esses ensinamentos, Rodrigo.

– Continue sua explicação, por gentileza.

– Aprendi com vocês que o esquecimento é, na verdade, uma ferramenta de defesa, como dito anteriormente. Acredito que o passado deve sempre ficar em seu lugar. O que temos que fazer é hoje. Hoje é o dia que me salvo ou afundo... É nisso que acredito.

– O amanhã, Osmar, é uma possibilidade. Você está certíssimo em pensar e agir dessa forma.

– Obrigado, Rodrigo.

Enquanto conversávamos, os camelos nos conduziam lentamente por aquela linda paisagem.

Por um momento, ficamos calados, observando o sol, que buscava se esconder por detrás dos montes de areia.

Olhei admirado para o meu amigo e mentor e suspirei...

Como é bom ser médium e viver tudo o que vivo ao seu lado, Rodrigo!

Ele olhava para a frente. A brisa soprava seus longos cabelos, me oportunizando viver aquele momento divino ao lado do meu mentor espiritual.

Após alguns minutos, Rodrigo interferiu em nosso silêncio.

– Estamos chegando.

Naquele momento, confesso, abriu-se à minha frente a mais linda vista de um lugar que eu poderia ver nesta vida.

Vi à minha frente uma linda cidade dourada. Parecia que as paredes haviam sido pintadas com ouro, tamanho era o brilho daquele lugar.

A visão de um lugar tão lindo me impressionou muito e me fez agradecer por ter esse dom maravilhoso de estar em desdobramento em um lugar que nunca havia visto, ao lado de um espírito que me acompanha desde meu nascimento.

Deus, como és perfeito e bom para mim...

Meus olhos ficaram marejados de emoção e gratidão por aquele momento.

Rodrigo olhou para mim e perguntou:

– Está emocionado?

– Muito... Que lugar lindo!

– O que sente neste momento?

– Uma alegria inexplicável. Uma sensação de prazer e de que eu já estive aqui.

Rodrigo olhou para mim e ficou em silêncio. Meu peito parecia que ia explodir de emoção e alegria por poder estar ali.

Naquele momento, vi que havia um acampamento cigano muito próximo a um forte, desses bem antigos, construído sobre um monte.

O forte ficava no alto, cercado de casas e casebres.

O lugar era realmente encantador.

Não contive a curiosidade e perguntei:

– Aquele acampamento é um acampamento cigano?

– Sim. É para lá que estamos indo.

Estávamos a uns 200 metros das primeiras barracas. Foi quando os camelos pararam, como se quisessem nos avisar que chegamos.

– Venha. Vamos descer e caminhar – disse Rodrigo.

Imediatamente, descemos e nos pusemos a caminhar em direção à entrada do acampamento, que estava disposto em um círculo muito grande.

No centro do acampamento havia uma enorme tenda de cor verde com detalhes em branco.

Bandeiras com alguns símbolos e brasões tinham sido colocadas nas portas das barracas.

– Rodrigo?

– Sim.

– O que são esses símbolos e brasões?

– Cada família cigana tem uma marca ou um símbolo que representa a origem e as tradições do nosso povo. É um costume bem antigo e admirado por todos. Pode-se conhecer um cigano pela bandeira, brasão ou marca.

– Que legal! Eu não sabia disso.

– São costumes milenares.

Naquele momento, comecei a ouvir uma música e palmas. Parecia que estava acontecendo uma festa no centro do lugar.

A noite já nos visitava. O sol se punha no horizonte.

– Que música linda! – disse, enquanto caminhávamos em direção ao centro da aldeia.

– Hoje é dia de festa.

– O que eles estão comemorando?

– Você vai ver quando chegarmos.

A curiosidade só aumentava em mim. Foi quando comecei a olhar melhor tudo à minha volta e percebi o quão coloridas eram as barracas, as bandeiras e as fitas presas como bandeirinhas, ligando uma barraca à outra.

Tudo era muito colorido e lindo.

Vi que havia uma cocheira, onde dezenas de cavalos estavam descansando.

Eu só pensava em como Deus é perfeito e belo…

A cada passo que dávamos, ouvíamos a música e os gritos de alegria ficarem mais próximos. Parecia que todos estavam reunidos no centro daquele acampamento, comemorando algo.

Meu coração estava disparado. Parecia que algo muito importante para mim estava para acontecer.

Um misto de sentimentos me invadiu… Eu não entendia o que me acontecia naquela hora.

O que é isso, meu Deus?

Por que sinto isso dentro de mim?

O que me está acontecendo?

“

As palavras certas em linhas tortas...

”

Rodrigo

A revelação

Quando estávamos chegando, Rodrigo se aproximou de mim e disse:

– Pare. Tenho algo que preciso que você saiba.

– O que houve?

– Você está bem?

– Não.

– O que você está sentindo?

– Algo que nunca senti. Estou até preocupado.

– Diga para mim, o que você está sentindo?

– Meu coração está acelerado. Meu corpo treme. Minhas pernas quase não conseguem segurar meu corpo.

– Você nunca sentiu isso?

– Para ser sincero, eu senti isso uma única vez em minha vida.

– E quando foi?

– Não sei se devo dizer.

– Confie em mim. Diga.

– Mas…

– Diga… Confie…

– Foi quando vi uma pessoa.

– Que pessoa?

– Uma pessoa que foi muito importante na minha vida.

– O que você sentiu?

– Tudo isso que estou sentindo agora. Eu me lembro de que, naquele dia, tive que me sentar na rua para me refazer e me controlar. Fiquei muito mal quando vi essa pessoa.

– Se você tivesse que dar um nome a esse sentimento, qual seria?

– Não faço a mínima ideia do que significa isso. É algo inexplicável, Rodrigo.

– Você não sabe definir o que sentiu?

– Posso me sentar?

– Vamos nos sentar... – Nós nos sentamos em um banco de madeira que parecia estar à nossa espera. – Fique calmo... Respire...

Seguindo as orientações do meu mentor, procurei me acalmar e respirar pausadamente, para que meu coração parasse de bater acelerado.

Após alguns minutos, me senti melhor.

– Estou melhorando.

– Vamos ficar aqui mais um pouco – disse ele, carinhosamente.

– Desculpe me sentir assim...

– Sei o que você está sentindo.

– Você pode me explicar?

– Posso, sim. Preste muita atenção.

– Estou prestando.

– Estamos ligados a outros espíritos desde a criação. Aquilo que conhece como amor é ainda um pequeno fragmento do que é verdadeiramente o amor, o sentimento mais puro e perfeito.

"Durante as experiências terrenas ou espirituais, vamos acumulando amores, e esses amores estarão sempre por perto. Esses laços profundos não se desfazem pelo fato de um espírito estar encarnado e o outro não.

"É mais fácil entender o que é o amor quando o espírito está fora da matéria. Por ser densa, a matéria limita muito o espírito quando está encarnado.

"Assim, quando você encontra esse amor na vida de encarnado ou se aproxima do amor na vida espiritual, todos os seus sentimentos e sensações interagem com a energia do ser amado.

"Chamamos esse amor de amor pleno. Outros o chamam de amor maior.

"Seu corpo físico sempre reagirá quando você entrar em contato com esse tipo de amor, como aconteceu no dia em que você encontrou aquela pessoa. Ela é uma pessoa de muitas vidas e, sempre que vocês se olharem, sentirão esses sintomas. Isso é mútuo. São laços eternos de amor.

"O fato de você estar se aproximando de algo que é muito especial para você como espírito causa essa reação."

– Estou muito impressionado com o que você está me dizendo, porque agora me dei conta de que o que estou sentindo neste momento é exatamente o que senti quando vi aquela pessoa. Nem consigo explicar, porque é muito profundo. Acho até que estou repetindo o que disse.

"Eu só olhei para aquela pessoa. Nem sequer toquei nela, e quase morri.

"Eu senti algo inexplicável... Convivo com isso há muitos anos, e agora você me revelou tudo de forma clara e objetiva. Obrigado, Rodrigo."

– Você está preparado para irmos ao encontro daqueles que o esperam?

– Eles me esperam? Como assim?

– Você não me perguntou por que sou seu mentor? – Nesse momento, eu caí em lágrimas. – Não fique assim. Você merece saber mais um pouco sobre nós.

Sequei as lágrimas dos meus olhos, olhei fixamente para ele e disse:

– Vamos em frente.

– Venha, vamos ao encontro dos nossos... – disse Rodrigo, levantando-se.

Eu me pus de pé e fiquei ao seu lado.

– Vamos – disse, confiante.

Caminhamos em direção ao grande círculo de ciganos, que dançavam e cantavam alegremente.

A festa era linda. Ciganos, ciganas, crianças, todos dançavam ao som de violas, violinos, tambores e outros instrumentos que, confesso, nunca vi.

A alegria era contagiante.

Foi quando Rodrigo me pegou pelo braço e me levou ao centro do círculo, onde todos saudaram nossa chegada com sorrisos e gritos de alegria.

Enfim, havia chegado o cigano Rodrigo.

A festa ficou ainda mais animada.

Foi quando uma linda cigana se aproximou de mim e me pegou pelo braço para dançarmos.

Eu me deixei levar pelos sorrisos e pela alegria de todos aqueles amigos, que percebi estarem muito felizes com a nossa presença.

Bebidas eram servidas em canecos escuros. Não eram alcoólicas. Eram, na verdade, suco de fruta. Para os homens mais velhos, serviam vinho tinto.

Havia algumas mesas com tâmaras e outras frutas.

Após mais de uma hora dançando e nos divertindo, finalmente a música parou.

Rodrigo se aproximou de mim e disse:

– Venha, quero apresentar alguém para você. – Nós nos dirigimos à barraca principal, onde havia alguns lampiões acesos. – Venha – repetiu ele, caminhando à minha frente.

Segui seus passos sem pensar em nada. Minhas pernas pesavam, como se eu estivesse carregando muito peso.

Ao entrarmos, percebi haver um senhor de barba branca e cabelos longos, presos por uma trança.

Na orelha, tinha alguns brincos.

Sua roupa era toda branca, muito branca...

– Com licença, meu senhor.

– Meu amado filho, entre... – Rodrigo se aproximou do senhor e beijou sua face. – Sente-se ao meu lado, querido e amado Rodrigo.

– Meu senhor, trouxe o Osmar. Ele está encarnado e desdobrado.

– Você acha que está na hora certa dele saber?

– Acho que sim. Sua tarefa terrena está perto de terminar e ele merece viver com esta informação.

Eu observava aquilo admirado e calado.

– Se você acha certo, faremos do seu jeito. Sente-se aqui, meu rapaz – disse o homem, olhando para mim.

Eu me aproximei e me sentei em uma linda almofada de cor vermelha. Era o lugar onde eles se sentavam.

Percebi naquele momento haver mais pessoas na tenda.

– Como está sua vida? – perguntou ele.

– Estou feliz com o que tenho, senhor.

– Sabemos que sua encarnação tem sido de muitas provas, mas foi o escolhido por você. Ao terminá-la, será bem recebido entre nós.

– Tenho certeza de que este é meu lugar.

– Sentiu afinidade conosco?

– Parece-me que sou daqui.

Rodrigo, então, começou a falar:

– Bem, Osmar, chegou a hora de você saber por que sou seu mentor espiritual.

Naquele momento, alguns espíritos entraram na tenda e foram se sentando ao nosso lado.

Cinco jovens muito bonitas entraram e se sentaram.

Oito rapazes, jovens, fizeram o mesmo.

Em silêncio, todos compunham o círculo em que estávamos.

– Você, nas duas últimas encarnações, viveu entre nós no plano físico.

Não me contive e comecei a chorar.

Ele prosseguiu:

– Estamos ligados por laços familiares há alguns anos. E essa ligação não se desfez pelo simples fato de você ter encarnado.

"Sua encarnação é uma encarnação expiatória. Você precisou ir para ajudar alguns espíritos ligados a nós por outras vidas. Todos ciganos"

"A mediunidade é um atributo escolhido por você para servir de mensageiro dos espíritos e, através das obras psicografadas e do trabalho caridoso dos atendimentos realizados pelas instituições fundadas por nós, auxiliar a evolução de alguns afins e outros quaisquer.

"A grande missão sempre foi evangelizar, o que você tem feito de forma satisfatória."

Eu só fazia chorar...

Rodrigo continuou:

– Como disse, estamos ligados por muitas encarnações e experiências corpóreas e espirituais que nos trouxeram até este momento.

"Todos esses ciganos que você vê aqui são seus familiares.

"São espíritos ligados a você por muito tempo.

"O que o fez merecer essa revelação tem sido seu comportamento diante das dificuldades impostas a quem se dedica ao amor.

"Continue seu trabalho e conte sempre conosco."

A emoção me invadia o peito e as lágrimas banhavam minha face com ternura.

Todos olhavam para mim com um olhar de amor.

Minha alma sorria de alegria em saber minha origem espiritual e quem era, na verdade, o meu mentor espiritual.

– Posso lhes pedir uma coisa? – perguntei.

– Sim... – respondeu o senhor.

– Preciso abraçá-los...

Todos ficaram de pé...

Foram os abraços mais importantes da minha vida...

– Obrigado por tudo, Rodrigo.

– Não agradeça...

– Já sei... Escreva, Osmar. Escreva...

– Vamos terminar nosso trabalho?

– Conte sempre comigo, meu amigo – disse, ainda emocionado.

– Amigo, não...

– Não somos amigos? – perguntei.

– Claro que não. Você não percebeu?

– O que não percebi?

– Somos irmãos, Osmar. Irmãos...

Chorei ainda mais nos braços dos meus irmãos ciganos... Após horas me refazendo e comemorando aquele encontro, fui trazido à minha vida de médium, escritor e humano.

Não vejo a hora de voltar...

Fim

*"Dedico este livro ao meu querido irmão,
o cigano Rodrigo."*

Osmar Barbosa

Outros títulos lançados por Osmar Barbosa

Conheça outros livros psicografados por Osmar Barbosa. Procure nas melhores livrarias do ramo ou pelos sites de vendas na internet.

Acesse

www.bookespirita.com.br

www.compralivro.com.br

Cinco Dias no Umbral
OSMAR
BARBOSA

O Guardião da Luz
OSMAR
BARBOSA

OSMAR
BARBOSA
ANTES QUE A MORTE NOS SEPARE

COLÔNIA ESPIRITUAL
AMOR & CARIDADE
OSMAR
BARBOSA

pelo Espírito NINA BRESTONINI
ONDAS
da Vida
OSMAR BARBOSA

A BATALHA DOS ILUMINADOS
OSMAR
BARBOSA

JOANA D'ARC
O AMOR VENCEU
OSMAR
BARBOSA

OSMAR
BARBOSA
ALÉM DO SER
A História de um Suicida

OSMAR
BARBOSA
EU SOU
EXU

Osmar Barbosa
Pelo espírito Daniel
Orai & Vigiai

500
almas
OSMAR
BARBOSA

OSMAR
BARBOSA
Gitano
AS VIDAS DO
CIGANO RODRIGO

O Amanhã
nos Pertence
OSMAR BARBOSA

Mãe,
voltei!
OSMAR BARBOSA
PELO ESPÍRITO NINA BRESTONINI

Entre Nossas
Vidas
OSMAR
BARBOSA
PELO ESPÍRITO DE NINA BRESTONINI

O Lado
Azul da
Vida
OSMAR
BARBOSA

OSMAR
BARBOSA
DEPOIS...

Cinco Dias
no Umbral
O Resgate
OSMAR
BARBOSA

O
LADO
OCULTO
DA
VIDA
OSMAR
BARBOSA

Entrevista
com
Espíritos
Os Bastidores do Centro Espírita
por
OSMAR
BARBOSA

VINDE A MIM
O Evangelho no Lar
OSMAR
BARBOSA

COLÔNIA ESPIRITUAL
AMOR & CARIDADE
Dias de Luz
OSMAR
BARBOSA

OSMAR
BARBOSA
Amigo
Fiel

IMPUROS
A legião de Exus
OSMAR
BARBOSA

O Médico de
DEUS
OSMAR
BARBOSA

AUTISMO
A ESCOLHA DE NICOLAS
OSMAR
BARBOSA

OSMAR
BARBOSA
Cinco Dias
no Umbral
O Perdão

UMBANDA
PARA
INICIANTES
OSMAR
BARBOSA

OSMAR BARBOSA
PARAFRASEANDO
CHICO
XAVIER
Seleção das mais belas frases
de Chico Xavier

OBSESSOR
OSMAR BARBOSA

Acordei no
OSMAR
BARBOSA

ROMANCE ESPÍRITA
A ROSA
DO CAIRO
OSMAR
BARBOSA

REGENERAÇÃO
UMA NOVA ERA
OSMAR BARBOSA

NINA BRESTONINI
DEIXE-ME Nascer
OSMAR BARBOSA

A Vida depois da Morte
OSMAR BARBOSA
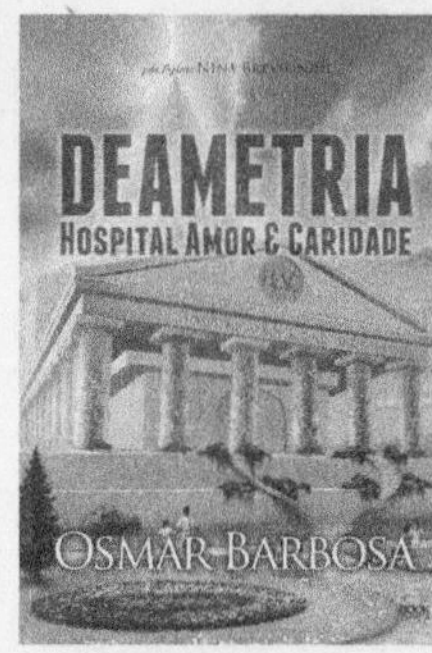
DEAMETRIA
HOSPITAL AMOR & CARIDADE
OSMAR BARBOSA

DEAMETRIA
A Desobsessão Modernizada
OSMAR BARBOSA

O SUICÍDIO DE ANA
OSMAR BARBOSA
NINA BRESTONINI - LUCAS

LUCAS
ACONTECEU NO UMBRAL
OSMAR BARBOSA
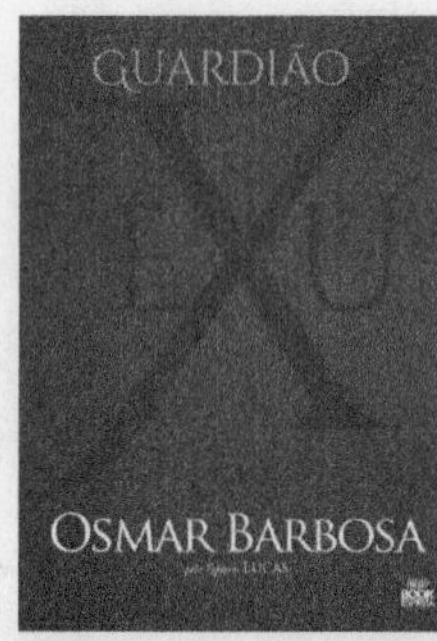
GUARDIÃO
OSMAR BARBOSA
LUCAS

Cinco Dias no Umbral
OSMAR BARBOSA
NINA BRESTONINI

LUCAS
SUPERIOR TRIBUNAL ESPIRITUAL
A JUSTIÇA DIVINA
OSMAR BARBOSA

COLÔNIA ESPIRITUAL
LAÇOS ETERNOS
OSMAR BARBOSA
NINA BRESTONINI
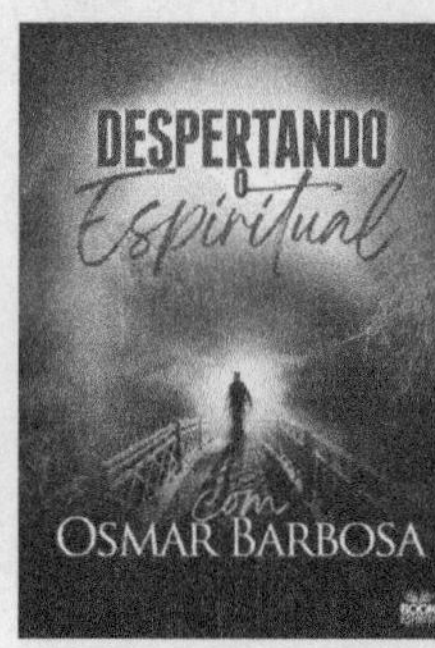
DESPERTANDO o Espiritual
com OSMAR BARBOSA

LUCAS
UM ESPÍRITA NO UMBRAL
OSMAR BARBOSA

OSMAR BARBOSA
O DIÁRIO de um SUICIDA
LUCAS

Por que VOCÊ MORREU?
OSMAR BARBOSA
NINA BRESTONINI

EXILADOS DO PLANETA TERRA
OSMAR BARBOSA
LUCAS

BEM VINDO
AO
UMBRAL
OSMAR BARBOSA

O Diário
de um MORTO

OSMAR BARBOSA
A GAROTA
DO BALÃO

O OUTRO
LADO DA VIDA
OSMAR BARBOSA

OSMAR BARBOSA
Um Obsessor no
Centro Espírita

BOOK ESPÍRITA EDITORA

Esta obra foi composta
na fonte Century751
No2 BT, corpo 13.
Rio de Janeiro, Brasil.